Sociedades Limitadas

Sociedades Limitadas
NORMAS DE PUBLICAÇÃO DAS DEMONSTRAÇÕES FINANCEIRAS

2019

Felipe Lourenço Moura Lima

SOCIEDADES LIMITADAS
NORMAS DE PUBLICAÇÃO DAS DEMONSTRAÇÕES FINANCEIRAS
© Almedina, 2019
AUTOR: Felipe Lourenço Moura Lima.
DIAGRAMAÇÃO: Almedina
DESIGN DE CAPA: FBA
ISBN: 9788584934980

Dados Internacionais de Catalogação na Publicação (CIP)
(Câmara Brasileira do Livro, SP, Brasil)

Lima, Felipe Lourenço Moura
Sociedades limitadas : normas de publicação das demonstrações financeiras / Felipe Lourenço Moura Lima. -- São Paulo : Almedina, 2019.

Bibliografia.
ISBN 978-85-8493-498-0

1. Demonstrações financeiras 2. Sociedades limitadas I. Título.

19-27327   CDU-347.723

Índices para catálogo sistemático:

1. Sociedades limitadas : Direito societário 347.723

Cibele Maria Dias - Bibliotecária - CRB-8/9427

Este livro segue as regras do novo Acordo Ortográfico da Língua Portuguesa (1990).

Todos os direitos reservados. Nenhuma parte deste livro, protegido por copyright, pode ser reproduzida, armazenada ou transmitida de alguma forma ou por algum meio, seja eletrônico ou mecânico, inclusive fotocópia, gravação ou qualquer sistema de armazenagem de informações, sem a permissão expressa e por escrito da editora.

Junho, 2019

EDITORA: Almedina Brasil
Rua José Maria Lisboa, 860, Conj.131 e 132, Jardim Paulista | 01423-001 São Paulo | Brasil
editora@almedina.com.br
www.almedina.com.br

Aos meus pais.

AGRADECIMENTOS

Devo este trabalho sobretudo aos meus professores, a quem gostaria de agradecer profundamente pelo suporte e apoio que me foram conferidos ao longo dessa jornada.

À Professora Ana Cristina, minha orientadora oficial, que conduziu brilhantemente as disciplinas de relacionadas ao Trabalho de Conclusão de Curso, me ajudou com a metodologia utilizada neste estudo e sempre me desafiou com relação ao tema escolhido, o que, sem dúvidas, contribuiu para que o trabalho se concretizasse.

Ao Professor Régis Braga, por ter sido meu orientador "oficioso" e ter me acolhido em meio às suas orientações aos alunos do LLM em Direito Tributário, bem como pelo enorme incentivo não só à elaboração da monografia – em que contribuiu com a estruturação do trabalho e proporcionou uma visão interdisciplinar apuradíssima sobre o tema – mas à minha carreira de modo geral e também pelas caronas concedidas após as reuniões de orientação.

Ao Professor Renato Vilela, meu orientador na primeira pós-graduação, pela participação na banca examinadora, em que, definitivamente, contribuiu com o enriquecimento do trabalho com ótimas sugestões e questionamentos precisos.

Também gostaria de agradecer, principalmente, à minha família, por estar sempre presente e ser o meu alicerce em todos os momentos.

Ao meu pai Francisco, meu orientador da vida, em quem sempre me inspiro e que sempre me incentivou a estudar e a superar os obstáculos, mostrando que eu posso ser capaz de alcançar meus objetivos, pela força e suporte de sempre.

À minha mãe Flávia, pelo amor e apoio incondicionais, sempre à disposição para ajudar no que for preciso, amenizando as dores da distância e da saudade de casa, e pela constante preocupação com o meu bem-estar.

À minha namorada Fernanda, pelo companheirismo e compreensão nos momentos mais complicados da elaboração do trabalho, bem como pela companhia diária e pelas nossas conversas, sem as quais, tudo seria mais difícil.

Por fim, agradeço ainda aos meus sogros Anioly e Clicério, por terem comparecido à apresentação da monografia à Banca Examinadora; aos amigos que fiz no Insper, Alexandre Haddad e Guilherme Aguiar, com quem compartilhei o blog "Diário Societário"; aos colegas de trabalho do WZ Advogados, pela paciência, compreensão e apoio; e à minha antiga chefe Patricia Assahara, pelo incentivo aos estudos do Direito Societário.

PREFÁCIO

A Obra que tenho a honra de ora prefaciar é fruto de extensa pesquisa levada a termo por seu autor, tendo sido por ele apresentada diante de banca da qual fiz parte – e por ela aprovada – como requisito final para a obtenção do título de Especialista em Direito Societário conferido pelo Insper – Instituto de Educação e Pesquisa, em São Paulo, no ano de 2018.

O autor versa sobre a questão relativa à obrigatoriedade, ou não, da publicação do conjunto de demonstrações financeiras – balanço patrimonial, demonstração de resultado do exercício, demonstração de lucros ou prejuízos acumulados e demonstração do fluxo de caixa – por parte das denominadas "Sociedades de Grande Porte" não constituídas sob a forma de sociedades anônimas[1].

A obrigatoriedade legal de levar ao conhecimento do público em geral as mencionadas demonstrações financeiras se aplica às sociedades por ações, mas não aos demais tipos societários, ao menos até o final do ano de 2007.

Com o advento, no final daquele ano, da Lei nº 11.638, muitos passaram a acreditar que esta obrigação foi estendida a outros tipos societários: é que o artigo 3º da lei em questão determinou a observância, "[...] às *sociedades de grande porte, ainda que não constituídas sob a forma de sociedades por ações,* [d]*as disposições da Lei nº 6.404, de 15 de dezembro de 1976, sobre escrituração e elaboração de demonstrações financeiras* [...]".

---

[1] Nos termos do parágrafo único do artigo 3º da Lei nº 11.638, de 28 de dezembro de 2007, *"[...] considera-se de grande porte, para os fins exclusivos desta Lei, a sociedade ou conjunto de sociedades sob controle comum que tiver, no exercício social anterior, ativo total superior a R$ 240.000.000,00 (duzentos e quarenta milhões de reais) ou receita bruta anual superior a R$ 300.000.000,00 (trezentos milhões de reais)".*

Independentemente do entendimento que qualquer um possa ter, creio que a adequada aplicação desse dispositivo legal deve partir da seguinte questão: sob o prisma jurídico, o verbo escriturar e/ou o verbo publicar resultam necessariamente na ação publicar? Ou em outras palavras: a observância dos comandos havidos na Lei no. 6.404/1976 sobre escrituração e elaboração de demonstrações financeiras implica a necessidade da publicação destas últimas?

É justamente nesse ponto que o trabalho interpretativo desenvolvido pelo autor foge do padrão usualmente adotado por outros autores: se – como muitos destes – recorre a farta e bem selecionada bibliografia, ou se – como outros tantos – se apressa a apresentar precedentes jurisprudenciais, é na chamada *mens legis* que o autor vai procurar fundamentar suas conclusões.

E ele o faz de maneira profunda, extensa e detalhada: por meio da revisão e análise dos anais do Congresso Nacional, iniciando pelo trâmite do Projeto de Lei nº 3.741/2000 junto às comissões que compõem aquela casa, verificando todas as diversas emendas a este Projeto apresentadas por vários congressistas, culminando na transformação do Projeto na Lei nº 11.638/2007, o autor termina por nos apresentar o que julgo ser um retrato fiel do "Espírito da Lei", o qual – parece a mim – ainda não foi "incorporado" por muitos operadores do Direito.

Assim, quero congratular a Editora Almedina e o Insper por selecionar esta Obra para compor a sua afamada coleção de trabalhos jurídicos, por entender que, para os leitores interessados na temática societária, seja ela obra de interesse; para aqueles afeitos à investigação e à História, seja obra importantíssima; para os que necessitam de assistência rápida – mas não menos técnica e robusta – na resolução de questões do dia-a-dia, seja obra absolutamente necessária.

Por fim, quero também parabenizar o autor: sua dedicação, trabalho e esforço, por mim acompanhados desde o princípio, resultaram nesta relevante obra.

Boa leitura a todos!

São Paulo, maio de 2019

RÉGIS FERNANDO DE RIBEIRO BRAGA
Professor Orientador – *LL.M* em Direito Tributário
Insper – Instituto de Ensino e Pesquisa
São Paulo – SP

SUMÁRIO

AGRADECIMENTOS 7

PREFÁCIO 9

INTRODUÇÃO 15

1. A NATUREZA HÍBRIDA DAS SOCIEDADES LIMITADAS 19
   1.1. O Artigo 1.053 do Código Civil e a Interseção entre Sociedades Anônimas e Limitadas 26
      1.1.1. Quotas em Tesouraria 32
      1.1.2. Quotas Preferenciais 37
      1.1.3. Conselho de Administração 38
      1.1.4. Conselho Fiscal 40
      1.1.5. Acesso das Sociedades limitadas ao Mercado de Capitais 42

2. O DIREITO DAS DEMONSTRAÇÕES FINANCEIRAS DAS SOCIEDADES 53
   2.1. O IFRS e a Padronização Internacional das Demonstrações Financeiras 58

3. O PROJETO DE LEI Nº 3.741/2000 E A CONCEPÇÃO DA LEI Nº 11.638 DE 28 DE DEZEMBRO DE 2007 63
   3.1. Ementa e Artigo 1º 65
      3.1.1. Artigo 176 66
      3.1.2. Artigo 177 66
      3.1.3. Artigo 183 67

　　　　3.1.4. Artigo 184 67
　　　　3.1.5. Seção IV (Artigos 186 e 187) 67
　　　　3.1.6. Artigo 188, Inciso I 68
　　　　3.1.7. Artigo 196, Parágrafo 1º 68
　　　　3.1.8. Artigo 199 68
　　　　3.1.9. Artigo 202, Inciso I 68
　　　　3.1.10. Artigo 226, Parágrafo 3º 69
　　　　3.1.11. Artigo 243 69
　　　　3.1.12. Artigo 249 69
　　3.2. Intenções do Projeto 69
　　3.3. Obrigatoriedade de Publicação das Demonstrações Financeiras para Sociedades Limitadas de Grande Porte no Projeto de Lei nº 3.741/2000 71
　　　　3.3.1. Comissão de Economia, Indústria, Comércio e Turismo (CEIC) 72
　　　　3.3.2. Comissão de Finanças e Tributação (CFT) 75
　　　　3.3.3. Comissão de Constituição e Justiça (CCJ) e Edição da Lei nº 11.638/2007. 81

4. APLICAÇÃO DO ARTIGO 3º DA LEI Nº 11.638/2007 85
　　4.1. Recorte Metodológico para Análise Jurisprudencial 89
　　　　4.1.1. Minas Gerais 93
　　　　4.1.2. Rio de Janeiro 95
　　　　4.1.3. São Paulo 97
　　　　　　　4.1.3.1. Ação da ABIO 99
　　　　　　　4.1.3.2. Ação do CIESP 101
　　　　　　　4.1.3.3. Análise da Jurisprudência 103
　　　　　　　4.1.3.4. Tribunal de Justiça do Estado de São Paulo (TJ-SP) 103
　　　　　　　4.1.3.5. Tribunal Regional Federal da 3ª Região (TRF-3) 105

5. PROJETOS DE LEI A RESPEITO DA PUBLICAÇÃO DE DEMONSTRAÇÕES FINANCEIRAS PELAS SOCIEDADES LIMITADAS 111
　　5.1. Projeto de Lei nº 632, de 08 de novembro de 2015 111
　　5.2. Projeto de Lei nº 7.012 de 07 de março de 2017 115
　　5.3. Projeto de Lei nº 1.572, de 14 de junho de 2011 118
　　5.4. Projeto de Lei nº 487, de 22 de novembro de 2013 122

SUMÁRIO

6. DOUTRINA ACERCA DA PUBLICAÇÃO DAS
   DEMONSTRAÇÕES FINANCEIRAS ... 127
   6.1. Contrária ... 127
   6.2. Favorável ... 133

7. CRÍTICA AO MODELO ATUAL ... 139

8. A (DES)NECESSIDADE DA AUDITORIA INDEPENDENTE ... 147
   8.1. Auditoria Independente: Histórico e Conceito ... 147
   8.2. Utilidade da Auditoria Independente ... 153
   8.3. Obrigatoriedade de Auditoria Independente ... 155

9. CONCLUSÃO ... 159

REFERÊNCIAS ... 167
Obras ... 167

REFERÊNCIAS LEGISLATIVAS E NORMATIVAS ... 173

REFERÊNCIAS JURISPRUDENCIAIS ... 179

OBRAS COMPLEMENTARES ... 183

ANEXO I
Sociedades Limitadas Registradas no Período de 1 de Janeiro
a 31 de Dezembro de 2017 ... 187

ANEXO II
Lista dos Processos Judiciais Obtida pela Pesquisa dos Acórdãos
no Banco de Dados do Tribunal Regional Federal da 3ª Região ... 188

ANEXO III
Lista dos Processos Judiciais Obtida pela Pesquisa dos Acórdãos
no Banco de Dados do Tribunal de Justiça do Estado de São Paulo ... 191

Introdução

Desde a época do Decreto nº 3.708, de 10 de janeiro de 1919 a sociedade limitada é o tipo societário mais difundido no Brasil porque é um instrumento jurídico bastante prático no que tange à realização de empreendimentos privados. Com a entrada em vigor do atual Código Civil (Lei nº 10.406, de 10 janeiro de 2002), esta posição veio a se consolidar.

Entretanto, em determinadas situações, o regramento das limitadas recorre também aos institutos da Lei nº 6.404 de 15 de dezembro de 1976 (Lei das S.A.) cuja aplicação – apesar de ser um microssistema legal que trata de tipo societário mais complexo e custoso (a sociedade por ações, sociedade anônima ou companhia) – é remetida pelo próprio Código Civil, seja por meio da possibilidade de adoção da regência supletiva da Lei nº 6.404/1976, seja pela elaboração e escrituração contábil.

Nesse contexto, o objeto deste estudo será justamente a lei que foi editada sob o argumento de melhorar a inserção do Brasil no mercado mundial, por meio da padronização e atualização das regras aplicáveis às demonstrações financeiras aos Padrões Internacionais de Contabilidade como ferramenta para atrair investimento estrangeiro, qual seja, a Lei nº 11.638 de 28 de dezembro 2007, que veio a modificar a Lei das S.A. e a Lei nº 6.385 de 7 de dezembro de 1976.

O preâmbulo, ou ementa, da Lei nº 11.638/2007 descreve que ela não só trata da alteração e revogação de outros dispositivos legais, mas também estende às sociedades de grande porte disposições das sociedades por ações relativas à elaboração e divulgação de demonstrações financeiras, ainda que não constituídas sob a forma do anonimato, o que inclui, necessariamente, parte das sociedades brasileiras.

Para dar aplicabilidade à extensão daquelas disposições, o parágrafo único do artigo 3º, da Lei nº 11.638/2007, definiu que será compreendida como de grande porte, independentemente de seu tipo, a sociedade que tiver apurado, no exercício social anterior, ativo total superior a R$ 240.000.000,00 (duzentos e quarenta milhões de reais) ou receita bruta anual superior a R$ 300.000.000,00 (trezentos milhões de reais).

Nos termos do *caput* do mesmo artigo, às sociedades de grande porte também se aplicariam as disposições da Lei das S.A., sobre escrituração e elaboração de demonstrações financeiras e a obrigatoriedade de auditoria independente por auditor registrado na Comissão de Valores Mobiliários (CVM).

O problema é que, ao contrário do que descreve sua ementa, na Lei nº 11.638/2007 não há qualquer menção à extensão das normas de divulgação das demonstrações financeiras da Lei das S.A. às sociedades de grande porte, assim definidas nos termos do seu artigo 3º, parágrafo único.

Assim, a lei que tinha por objetivo a modernização e harmonização das disposições da Lei das S.A. com os princípios fundamentais e melhores práticas contábeis internacionais, acabou criando um problema de burocracia interna.

Para determinados setores da Administração Pública e do Poder Judiciário as sociedades de grande porte, inclusive as limitadas, estariam sujeitas à publicação de suas demonstrações financeiras, o que acabou criando uma polêmica que desencadeou vários debates jurídicos acerca da obrigatoriedade de publicação para sociedades não anônimas.

Nesse cenário, pretende-se investigar se a pretensa publicação das demonstrações financeiras por sociedades de grande porte está de acordo com o ordenamento jurídico vigente no Brasil ou não.

Para tanto, no primeiro capítulo desta obra foi elaborada uma revisão bibliográfica a respeito da natureza jurídica das sociedades limitadas, onde também foram tecidas considerações a respeito da natureza das sociedades por ações e abordou-se a interseção existente entre esses tipos societários, por meio da análise do artigo 1.053 do Código Civil e de normas administrativas concernentes ao registro empresarial e ao mercado de capitais.

INTRODUÇÃO

No segundo capítulo, se discutirá a respeito das normas que regulam as demonstrações financeiras. A quais regras as sociedades limitadas devem observar para ter sua escrituração contábil elaborada?

Além de buscar responder esta questão, nesse capítulo se falará a respeito da busca pela padronização internacional das normas contábeis, a qual foi a principal força motriz para a criação da Lei nº 11.638/2007, cujo projeto que lhe deu vida vai-se debruçar sobre no capítulo seguinte.

O capítulo terceiro trará uma análise detalhada do Projeto de Lei nº 3.741, de 2000, que veio a se tornar a Lei nº 11.638/2007, no qual serão explorados os principais artigos em que os legisladores propuseram alterações, a fim de identificar nas entrelinhas dos relatórios, emendas e despachos das comissões das casas do Congresso Nacional, a real intenção dos legisladores quanto a esse Projeto, desde a sua concepção até a publicação da lei em vigor.

Haverá atenção especial à formulação do artigo que deu ensejo a esta pesquisa que, desde o princípio, já trazia em seu rascunho a obrigatoriedade de publicação das demonstrações financeiras para sociedades de grande porte, ainda que não constituídas sob a forma de sociedade por ações.

No capítulo quarto, o assunto será a aplicação das normas do artigo 3º da Lei nº 11.638/2007 para as sociedades limitadas, o qual vai expor como os principais órgãos da Administração Pública reagiram à Lei e como eles a vêm aplicando, bem como as eventuais consequências de um descumprimento da norma legal e das normas administrativas que a regulamentam.

No mesmo capítulo, será apresentada uma pesquisa jurisprudencial que utiliza como recorte metodológico a quantidade de sociedades limitadas no país, onde se mostrará em quais unidades da federação, entre estados e Distrito Federal, há maior presença de limitadas e como a jurisprudência reagiu nestes lugares.

Ainda no âmbito das repercussões causadas por essa lei, no capítulo quinto, serão explorados os projetos de lei mais recentes que propuseram a modificação do artigo 3º da Lei nº 11.638/2007 e também como os Projetos a respeito da instituição de um novo Código Comercial estão tratando o tema das sociedades de grande porte e da publicação de suas respectivas demonstrações financeiras.

No capítulo sexto, serão apresentadas as visões da doutrina sobre a extensão das publicações determinadas pela Lei das S.A. às sociedades limitadas, onde se recorreu à revisão da literatura favorável e contrária à publicação das demonstrações financeiras por sociedades não anônimas de grande porte.

Firmados os alicerces nos capítulos anteriores, o sétimo capitulo trará uma crítica ao modelo atual que obriga a sociedades limitadas de grande porte a realizarem a publicação de suas demonstrações financeiras e aos argumentos que fundamentam tal determinação.

O oitavo capítulo tratará da obrigação, também presente no artigo 3º da Lei nº 11.638/2007, das sociedades de grande porte realizarem a auditoria independente de suas demonstrações financeiras, onde vai se analisar se esta obrigação, assim como a de publicar, está de acordo ou não com o ordenamento jurídico.

O nono capítulo trará a conclusão deste estudo, onde será apresentado o desfecho da tramitação do Projeto de Lei que deu origem a Lei nº 11.638/2007 e onde serão revisitadas todas ideias apresentadas ao longo da obra, reforçando a crítica ao modelo atual em vigor e, por fim, apresentando sugestões para a resolução do problema objeto deste estudo.

1. A Natureza Híbrida das Sociedades Limitadas

Duas das principais características legais básicas de uma corporação são a personalidade jurídica e a responsabilidade limitada[2].

Esses atributos são responsáveis por trazer segurança aos sócios, aos credores e demais grupos afetados pelas atividades de uma empresa, uma vez que, em regra, as reivindicações destes recaem sobre os ativos da pessoa jurídica em detrimento do patrimônio pessoal dos sócios.

Postos esses aspectos, a lei ainda oferece uma lista de opções para que o empreendedor possa operar o seu negócio de acordo com as atividades que realiza e aos riscos a que fica exposto.

A possibilidade de escolha do tipo societário pode significar uma das melhores contribuições do ordenamento jurídico para a conciliação entre a maximização dos lucros e a promoção do bem-estar social.

De modo geral, credores, trabalhadores e consumidores somente consentirão em se relacionar com uma empresa se dela esperarem os

---

[2] Em inglês, a definição de Kraakman diz o seguinte: *"The basic legal characteristics of the business Corporation are legal personality, limited liability, transferable shares, delegated management under a board structure"*. Cf. KRAAKMAN, op. cit., p. 1. (Como no Brasil não se tem a figura do *"board"* propriamente dita, uma vez que se trata de um órgão colegiado que mescla Diretoria com Conselho de Administração, optou-se por se utilizar a colegialidade como critério para a definição do conceito apresentado, utilizando como exemplos também a assembleia geral e a reunião de sócios, que nos caso das limitadas, distinguem-se entre si apenas no que toca à quantidade de sócios na sociedade, sendo a assembleia obrigatória quando o número for superior a dez, nos termos do artigo 1.072, parágrafo 1º do Código Civil).

melhores resultados. Logo, conforme leciona Henrique Avelino Lana[3], com a escolha do tipo societário adequado, o empreendedor tende a sinalizar aos outros membros da sociedade e a terceiros a forma com que o negócio é gerido e os termos que a empresa oferece para reforçar o compromisso com seus contratantes.

De acordo com Kraakman *et al.*[4], os atos constitutivos das sociedades devem ser necessariamente incompletos para que a rigidez da lei possa complementá-los e, paradoxalmente, aumentar a liberdade geral de estruturação de empreendimentos privados, desde que haja um leque de opções de tipos societários suficientemente amplo à disposição[5].

Nesse sentido, em 1892, quando a Alemanha passava por uma crise econômica que demandava pessoas interessadas em exercer a atividade empresarial, segundo explica Lana[6], os legisladores viram uma oportunidade de criar um modelo societário adaptável aos mais diversos empreendimentos, a sociedade limitada.

Desde aquele período, a sociedade anônima não se apresentava como um instrumento democrático em função do seu grau de complexidade, assim como os demais tipos societários de responsabilidade ilimitada que já não eram vistos como instrumentos sustentáveis.

Assim, para atender ao anseio de disseminação das atividades empresariais, as limitadas foram então criadas pelo legislador para remover a concentração e a burocracia trazidas pelas sociedades por ações.

Considerando os entendimentos de Lana e Kraakman, num contexto econômico de livre iniciativa, as sociedades limitadas poderiam ser utilizadas em diferentes proporções de pessoas ou capitais, permitindo que as relações contratuais ocorressem mediante o menor custo de transação[7] possível.

---

[3] Cf. LANA, Henrique Avelino. **Sociedades Limitadas: Uma Leitura Via Law And Economics**. Disponível em <http://www.uel.br/revistas/uel/index.php/iuris/article/viewFile/15206/14724>. Acesso em: 04 de abril de 2018.

[4] Ibidem, pp. 1-34.

[5] Com o devido respeito ao autor, entende-se que, por consequência lógica, a lei também deve ser incompleta, pois surgirão situações para as quais a lei ou o contrato não fornecerão orientação clara, cabendo tanto a um como ao outro o papel de preencher as lacunas do direito societário.

[6] Ibid.

[7] De acordo com Ronald Coase são s os custos de se utilizar o mecanismo de preços, ou seja, custos incorridos ao fato de estar realizando negócios no mercado. Cf. COASE, op. cit. Dis-

A doutrina brasileira, segundo André Antunes Soares de Camargo[8], prega que as sociedades limitadas estão inseridas em uma realidade técnico-jurídica, o que significa que elas existem graças a obra de legislação específica que confere direitos e delimita a atuação dos sócios, bem como descreve as competências, características e prerrogativas do tipo societário.

O fato de as sociedades limitadas terem sido criadas por meio de construção legal contribuiu bastante para o debate na doutrina a respeito da natureza e diferenciação entre a sociedade limitada e a sociedades por ações. Embora a segunda seja mais complexa, suas origens remetem a uma criação espontânea da prática mercantil que se consolidou com a Revolução Industrial, com posterior implementação legal[9], em processo inverso ao do nascimento sociedades limitadas.

Assim, as sociedades anônimas eram tidas como verdadeiras instituições que tendem a dispersar o capital entre vários atores, por meio da emissão de títulos e participação no mercado de capitais, concepção que foi incorporada pela Lei nº 6.404 de 15 de dezembro de 1976, a Lei das S.A., enquanto que o Decreto nº 3.708, de 10 de janeiro de 1919 e, posteriormente o Código Civil de 2002, traziam um aspecto contratual e mais personalista ao tratar da sociedade limitada.

---

ponível em: <https://onlinelibrary.wiley.com/doi/pdf/10.1111/j.1468-0335.1937.tb00002.x>. Acesso em: 22 de maio de 2018, p. 386-405.

[8] Cf. CAMARGO, André Antunes Soares de. **A Pessoa Jurídica: Um Fenômeno Social Antigo, Recorrente, Multidisciplinar e Global** In: FRANÇA, Erasmo Valladão Azevedo e Novaes. (Org.). Direito Societário Contemporâneo I. São Paulo: Quartier Latin, 2009, pp. 281-298.

[9] Para Eric Hobsbawm, a Revolução Industrial na Inglaterra trouxe o aparecimento de um mercado mundial amplamente monopolizado por uma única nação produtora, de uma classe suficientemente ativa de empresários privados e um Estado dedicado à proposição de que o aumento máximo dos lucros privados era o alicerce da política governamental. Com a evolução da tecnologia, do conhecimento científico e da ideologia de uma crença no progresso individualista, secularista e racionalista, não havia qualquer dificuldade quanto à técnica comercial e financeira pública ou privada. Os bancos e o papel-moeda, as letras de câmbio, apólices e ações, as técnicas do comércio ultramarino e atacadista, assim como o marketing, eram bastante conhecidos e os homens que os controlavam ou facilmente aprendiam a fazê-lo eram em número abundante. Não obstante, por volta do final do século XVIII, algumas das leis e as instituições comerciais e financeiras da Grã-Bretanha obstaculizassem o desenvolvimento econômico; por exemplo, elas tornavam necessária a promulgação de caros "decretos privados" do Parlamento toda vez que se desejasse formar uma sociedade anônima. Cf. HOBSBAWM, Eric J. **A era das revoluções**. 9.ed. São Paulo: Paz e Terra, 1996. pp. 18-77.

Dessa forma, surgiu um debate na doutrina sobre classificação dessas sociedades, que culminou com a diferenciação entre sociedades de pessoas e de capital.

Conforme a lição de Marcel Gomes Bragança Retto[10], a classificação das sociedades como de pessoas ou de capital pode ser passível de inúmeras críticas, mas serve para auxiliar na resolução de problemas surgidos em decorrência do laconismo legal.

A importância dessa discussão está justamente nos argumentos que cada lado defende, pois o confronto entre as classificações faz manifestar a essência de cada tipo societário, que se não tivessem suas características peculiares, não haveria razão para terem sido criados.

Isto posto, Nelson Abrão[11], traz o entendimento da doutrina germânica, contrário à percepção brasileira, de que a sociedade limitada é de capital porque sua organização gira em torno da limitação da responsabilidade e por isso, ao menos à época dos escritos do citado autor, o regime legal alemão negaria personalidade jurídica a outras sociedades.

Já J. Van Houtte, citado por Nelson Abrão[12], para defender que as sociedades limitadas seriam sociedades de pessoas, enumera que dentre as principais características que compõem sua natureza estão as formalidades para a cessão das partes sociais e a proibição de subscrição pública e emissão de títulos.

Alfredo de Assis Gonçalves Neto[13] explica que as limitadas se aproximam das sociedades de pessoas por terem o capital social não dividido em títulos negociáveis (ações), de circulação ampla ou irrestrita, visto que não lhes foi aberta a possibilidade de serem unipessoais, como as subsidiárias integrais das sociedades anônimas. Ao mesmo tempo em que também se aproximam das sociedades de capital, no ponto em que seus sócios não são responsáveis pelas obrigações da sociedade senão pelas que lhes são próprias.

Portanto, diante do democratismo e flexibilidade da sociedade limitada, ela pode aproximar-se tanto das sociedades de capital como de outra das sociedades de pessoas.

---

[10] Ibidem. p. 16-28.
[11] Cf. Abrão. Nelson. **Sociedade por quotas de responsabilidade limitada**. São Paulo: Saraiva, 2000, pp. 38-53.
[12] Ibidem, pp. 38-53.
[13] Cf. Gonçalves Neto, Alfredo de Assis. **Direito de Empresa**. 6ª ed. São Paulo: Revista dos Tribunais, 2016, p. 372-373.

Halperin[14], citado por Abrão, busca superar o antagonismo desta classificação externando que as sociedades limitadas e por ações conciliam a regra de não repercussão dos acontecimentos que afetam a pessoa do sócio (morte, insolvência ou interdição) sobre a sociedade.

Fran Martins[15], por sua vez, defende que a sociedade limitada tem natureza híbrida e que embora ela se valha do modo contratual de constituição das sociedades de pessoas, uma de suas bases, a responsabilidade limitada, em princípio, não seria admitida em sociedade de cunho pessoal, o que faz dela um tipo autônomo e intermediário, firmemente determinado, que se situa entre as sociedades de pessoas e de capital.

O professor Nelson Abrão[16] também entende que a classificação intermediária é a que faz mais sentido, uma vez que discussão a respeito da divisão clássica entre sociedades de pessoas e de capital não teria mais utilidade, pois o fato de as sociedades anônimas ou limitadas poderem transitar entre as características subjetivas é irrelevante já que, em ambas, os sócios possuem sua responsabilidade limitada.

Para aquele autor, as sociedades se adaptam ao que demanda os negócios e ao mercado, logo. Não se pode dizer, por exemplo, que o agente que especula na compra e venda de ações tenha um "contrato de sociedade", pois não conhece os pretensos "contratantes" e sequer lhe interessa o cotidiano da companhia. Ao passo que nas sociedades limitadas tampouco é possível fugir do imperativo da alteração contratual.

Marcel Gomes Bragança Retto[17] entende que é necessário analisar o contrato social e dele pinçar certas particularidades, tais como a alienação das quotas a terceiro não-sócio sem haver a obrigação contratual de ofertá-las aos demais sócios e a admissão dos herdeiros do sócio falecido sem a liquidação das suas quotas[18], que são elementos característicos das sociedades classificadas como de capital.

---

[14] Cf. ABRÃO. op. cit., pp. 38-53.
[15] Ibid, pp. 38-53.
[16] Ibidem, pp. 38-53.
[17] Cf. RETTO, Marcel Gomes Bragança. **Sociedades Limitadas**. Barueri: Manole, 2007, p. 23.
[18] De acordo com Marcel Gomes Bragança Retto isto tem prevalência no seio privado da sociedade, não podendo, por exemplo, o fisco estar vinculado ao que diz o contrato social, pois suplantaria o princípio da tipicidade tributária, não sendo oponíveis a Fazenda Pública, conforme o art. 123 da Lei 5.172/1966, o Código Tributário Nacional: "Art. 123. Salvo disposições de lei em contrário, as convenções particulares, relativas à responsabilidade pelo

No mesmo sentido, para Gonçalves Neto[19], o que define a aproximação entre sociedade limitada e a sociedade anônima, no escopo das características intermediárias da primeira, são os critérios subjetivos que dependem da vontade dos sócios, dentro da margem de manobra que a lei confere para tanto.

Portanto, conforme define Bragança Retto[20], a sociedade limitada é um tipo societário misto, híbrido, de flexibilidade ampla, em que sua tipicidade propicia aos sócios amoldarem o negócio da forma como melhor entenderem, dando-lhes, em decorrência do que vier estipulado no contrato social, feição personalista ou capitalista.

Identifica-se mais como sociedade de pessoas quando há rigor maior na substituição dos sócios, com cláusulas estatuindo quórum qualificado para admissão de novos sócios ou para a recepção dos herdeiros de sócio falecido, por exemplo.

Paralelamente, aproxima-se das sociedades de capital quando se organiza à semelhança da sociedade anônima prevendo a administração tripartite, com diretoria, conselho de administração e assembleia geral, bem com a permissão de ingresso de estranhos mais facilmente ou com mecanismos que facilitem a negociação das quotas sem exigir a concordância expressa dos demais sócios[21].

Não obstante as feições subjetivas que as sociedades limitadas possam adquirir e assim se assemelhar as sociedades por ações, ambas têm em comum o elemento básico da limitação da responsabilidade, na primeira enquanto não integralizado totalmente o capital social, os quotistas terão responsabilidade solidária, enquanto na segunda, os acionistas têm responsabilidade individual e limitada ao preço de emissão das ações que cada qual subscreve ou adquire.

Como lembra Gonçalves Neto[22], esta é uma das diferenças básicas a ser retratada entre a sociedade limitada e a sociedade por ações, a

---

pagamento de tributos, não podem ser opostas à Fazenda Pública, para modificar a definição legal do sujeito passivo das obrigações tributárias correspondentes". Cf. Ibidem, p. 23.

[19] Cf. GONÇALVES NETO, op. cit., pp. 372-373.

[20] Cf. RETTO, op. cit., p. 23.

[21] Neste caso, o autor cita como exemplo, a outorga de procuração ao alienante para que promova alteração contratual de transferência de suas quotas a terceiro em caso de não pretenderem os sócios remanescentes adquirir suas quotas. Cf. RETTO, op. cit. p. 16-28.

[22] Cf. GONÇALVES NETO, op. cit., pp. 372-373.

limitação de responsabilidade varia de forma objetiva, não podendo ser adaptada de um tipo societário para o outro.

Além disso, o autor reforça que "as partes não têm a faculdade de constituir sociedades empresárias fora dos modelos oferecidos pela lei. Esse princípio justifica-se por razões de segurança jurídica, em favor de terceiros que contratam com a sociedade e no interesse dos próprios sócios"[23].

Acompanhando este raciocínio, Modesto Carvalhosa[24] aponta que existem regras das sociedades anônimas que não podem ser aplicadas às sociedades limitadas, tais como: (i) os procedimentos para constituição da sociedade; (ii) a limitação da responsabilidade societária; (iii) os direitos e obrigações dos sócios entre si e para com a sociedade; (iv) a emissão de títulos estranhos ao capital social – como debêntures, partes beneficiárias e bônus de subscrição; (v) a abertura de capital com captação da poupança pública; (vi) a emissão de parcelas do capital sem valor nominal; e (vii) a subsidiária integral.

De maneira mais sintética, Villemor Amaral[25], entende que, ao contrário das sociedades limitadas, as companhias têm o caráter de dispersão de seu capital social e participação no mercado de capitais, uma vez guardam consigo capacidade em potencial de fazer circular títulos (valores mobiliários em geral) e parcelas de seu próprio capital (ações).

Ocorre que, embora as sociedades limitadas não tenham o caráter descrito acima e tampouco possam se utilizar de regras concernentes às sociedades por ações – até mesmo pelo propósito com que elas foram criadas, de ser um instrumento mais acessível e simplificado aos pretensos empreendedores, rotineiramente tem-se visto sociedades limitadas se utilizando de expedientes das sociedades por ações para a organização dos seus negócios.

Esse movimento se inicia com a utilização do fundamento legal prescrito no parágrafo único do artigo 1.053 do Código Civil[26], que funciona como instrumento de conexão entre as limitadas e as sociedades anônimas.

---

[23] Cf. GONÇALVES NETO, op. cit., p. 158.
[24] Cf. CARVALHOSA, Modesto. **Comentários ao Código Civil**. São Paulo: Saraiva, v. 13, 2003, p. 293.
[25] Cf. AMARAL, Hermano de Villemor. **Das sociedades limitadas**. Rio de Janeiro, F. Briguiet & Cia, 1938, p. 82-83 apud RETTO, op. cit. p. 19.
[26] Art. 1.053. A sociedade limitada rege-se, nas omissões deste Capítulo, pelas normas da sociedade simples.

Por meio dessa norma a sociedade limitada torna-se capaz de absorver conceitos concebidos para as sociedades por ações, o que além de influenciar a prática diária de elaboração de documentos societários, inspirou um movimento legal de cruzamento de postulados relativos a cada tipo societário.

1.1. O Artigo 1.053 do Código Civil e a Interseção entre Sociedades Anônimas e Limitadas

Embora a doutrina considere que "melhor seria às limitadas, tipo mais difundido entre nós, se todo o arcabouço de normas que as rege constasse de apenas um diploma legal, sem o confuso critério de remeter o intérprete a outras normas"[27], a regência supletiva pelas regras das sociedades anônimas já era prevista no artigo 18 do Decreto nº 3.708/1919.

À época de sua vigência, Waldemar Ferreira[28] já observava que as matérias sobre as quais os sócios poderiam negociar no seio privado, não poderiam contrariar ou ofender as matérias que somente o Poder Legislativo teria competência para tratar, ou seja, as matérias de ordem pública.

Nessa perspectiva, Gonçalves Neto pondera que[29]:

> "(...) tem-se de considerar que, há normas da Lei das S.A. incompatíveis com o regime jurídico das limitadas. A aplicação supletiva da lei do anonimato não é uma regência complementar e, muito menos, criativa. Entendimento diverso romperia o princípio da tipicidade adotado pelo Código Civil em relação as sociedades, permitindo que se constituísse um tipo hibrido, com destruição do regramento próprio que a cada qual deles é atribuído pela lei."

Isto ocorre em função da tipicidade. Segundo Marcelo Vieira Von Adamek[30], no direito societário brasileiro prevalece o princípio de que as formas societárias constituem um rol taxativo, ou seja, não se pode

---

Parágrafo único. O contrato social poderá prever a regência supletiva da sociedade limitada pelas normas da sociedade anônima.
[27] Cf. RETTO, op. cit. p. 28.
[28] Ibidem.
[29] Cf. GONÇALVES NETO, op. cit., p. 373.
[30] Cf. ADAMEK, Marcelo Vieira Von. **Abuso de minoria em direito societário**. Disponível em: < http://www.teses.usp.br/teses/disponiveis/2/2132/tde-02082011-142051/pt-br.php>. Acesso em 05 de dezembro de 2018.

criar novo tipo societário para constituir nova sociedade. Este princípio existe, sobretudo, para que terceiros possam conhecer bem a estrutura de direitos dos entes que possuem relações internas no âmbito de uma sociedade.

Adamek assevera, no entanto, que a tipicidade é compatível com a autonomia da vontade, na medida em que as normas societárias são divididas entre cogentes e dispositivas, daí a possibilidade de existência de uma norma como a do artigo 1.053, utilizada sobretudo para aspectos referentes a estrutura organizacional da sociedade.

As normas dispositivas são as que propiciam a margem de manobra para que os sócios possam criar novas regras no âmbito de uma sociedade como, por exemplo, o aumento do quórum de aprovação para determinadas matérias, além da possibilidade de escolha entre os variados tipos societários.

As normas cogentes são aquelas que não podem ser alteradas uma vez que estão carregadas de caráter público inerente ao tipo societário escolhido.

Um exemplo de norma cogente relacionada a sociedade por ações é a prerrogativa dos acionistas detentores de, pelo menos, 5% do capital social, proporem ação de responsabilidade civil contra o administrador, em nome próprio e não da sociedade, pelos prejuízos causados ao patrimônio da companhia, benefício que não detêm os quotistas de uma sociedade limitada que, por outro lado, tem a prerrogativa da dissolução parcial garantida legalmente.

Ainda sobre a capacidade dos sócios ajuizarem ação em nome da sociedade, o entendimento do Superior Tribunal de Justiça é de que os sócios de uma sociedade limitada não possuem legitimidade ativa para postular em nome próprio eventual indenização por prejuízos causados ao patrimônio da empresa[31], sendo que a legitimidade caberia tão somente à sociedade.

---

[31] STJ – Resp 1327357 RS, Relator Ministro Luis Felipe Salomão, data de julgamento 20/04/2017, T4 – Quarta Turma, data de publicação DJe 23/05/2017)
PROCESSUAL CIVIL. RECURSO ESPECIAL. AÇÃO INDENIZATÓRIA. TRANSFERÊNCIA DE ATIVOS E BENS DE PESSOA JURÍDICA PARA CONSTITUIÇÃO DE OUTRA EMPRESA. SÓCIO. ILEGITIMIDADE ATIVA. EXTINÇÃO SEM RESOLUÇÃO DE MÉRITO.

O exemplo acima leva em consideração a própria natureza da sociedade anônima que, de acordo com a exposição de motivos da Lei nº 6.404/1976[32], busca a mobilização da poupança popular através da ampla liberdade para o empresário escolher os valores mobiliários que melhor se adaptem ao tipo de empreendimento e às condições de mercado.

Assim, tal objetivo é alcançado por meio de normas feitas sob medida para aquele tipo societário.

De modo que, por exemplo, as normas dispositivas oferecem a possibilidade de escolha da melhor forma de financiamento autorizada pela lei às sociedades por ações (ações, debêntures, bônus de subscrição ou partes beneficiárias).

Enquanto as normas cogentes, conforme a exposição de motivos da Lei das S.A., devem assegurar "[...] ao acionista minoritário o respeito a regras definidas e equitativas, as quais, sem imobilizar o empresário em suas iniciativas, ofereçam atrativos suficientes de segurança e rentabilidade", como a realização de oferta pública de aquisição por alienação de controle de companhias abertas.

Logo, é preciso cautela quanto a previsão de institutos típicos da Lei nº 6.404/76 no contrato social de uma limitada, muito embora alguns entendam a mera previsão destes nos atos constitutivos de uma sociedade limitada sejam suficientes para determinar a supletividade da Lei das S.A. às regras do Código Civil, a depender do caráter da norma, seja ela cogente ou dispositiva, é que deve ser avaliada a aplicação do instituto, observando-se a essência do tipo societário.

Não se pode haver supressão de conceitos já previstos no Código Civil pelas normas que são peculiares as sociedades por ações, Gonçalves Neto[33] cita como exemplo que "[...] não é possível delegar ao conselho a

---

1. O sócio não detém legitimidade ativa para postular, em nome próprio, indenização por prejuízos causados ao patrimônio de empresa, eis que eventual condenação decorrente da causa de pedir só poderia se destinar à própria sociedade e à recomposição do capital social, e não diretamente ao patrimônio de determinado sócio postulante. Precedentes.
2. Recurso especial a que se nega provimento.

[32] Cf. Exposição de motivos nº 196, de 24 de junho de 1976, do Ministério da Fazenda. Disponível em: <http://www.cvm.gov.br/export/sites/cvm/legislacao/leis-decretos/anexos/EM196-Lei6404.pdf>. Acesso em: 05 de dezembro de 2018.

[33] Cf. GONÇALVES NETO, op. cit., p. 374.

tarefa de eleger ou destituir administradores, uma vez que tal designação compete privativamente aos sócios (CC, arts 1.061, 1.063 e 1.071)".

O Código Civil, aliás, traz disposições exclusivas para as sociedades limitadas, principalmente no que diz respeito aos quóruns de aprovação pelos sócios.

Utilizando os artigos mencionados por Gonçalves Neto como exemplo, tem-se no artigo 1.061, a designação de administradores não sócios, que dependerá da aprovação da unanimidade dos sócios, enquanto o capital não estiver integralizado e de, no mínimo, 2/3 (dois terços), após a integralização.

Referido quórum de dois terços também se fazia presente no parágrafo primeiro do artigo 1.063 do Código Civil, o qual era necessário ser atingido para que o sócio nomeado administrador no contrato pudesse ser destituído.

Porém, com a edição da Lei nº 13.792 de 3 de janeiro de 2019[34], o número mínimo para aprovação foi reduzido para as quotas correspondentes a mais da metade do capital social.

Já o artigo 1.071 descreve quais são as matérias exclusivas das deliberações de sócios[35], as quais não podem ser delegadas, como também descrito por Gonçalves Neto.

Intimamente ligado àquela norma, está o artigo 1.076, cujo inciso I, por exemplo, determina o quórum de ¾ (três quartos) do capital para

---

[34] Art. 2º O § 1º do art. 1.063 da Lei nº 10.406, de 10 de janeiro de 2002 (Código Civil), passa a vigorar com a seguinte redação:
"Art. 1.063. ....
§ 1º Tratando-se de sócio nomeado administrador no contrato, sua destituição somente se opera pela aprovação de titulares de quotas correspondentes a mais da metade do capital social, salvo disposição contratual diversa.
[35] Art. 1.071. Dependem da deliberação dos sócios, além de outras matérias indicadas na lei ou no contrato:
I – a aprovação das contas da administração;
II – a designação dos administradores, quando feita em ato separado;
III – a destituição dos administradores;
IV – o modo de sua remuneração, quando não estabelecido no contrato;
V – a modificação do contrato social;
VI – a incorporação, a fusão e a dissolução da sociedade, ou a cessação do estado de liquidação;
VII – a nomeação e destituição dos liquidantes e o julgamento das suas contas;
VIII – o pedido de concordata.

modificação do capital social e incorporação, fusão e dissolução da sociedade, ou a cessação do estado de liquidação[36].

As normas relativas aos quóruns são tidas como cânones das sociedades limitadas e muitas vezes utilizadas para determinar a escolha do tipo societário pretendido. Por isso, faz sentido que Gonçalves Neto entenda que o contrato social não só precisa deixar clara a regência supletiva, como regular exaustivamente os institutos ora transportados, já que pela diferença de tipo societário, alguns deles não poderão ser alterados[37].

Contudo, na prática, o artigo 1.053 do Código Civil, que autoriza a regência supletiva da sociedade limitada pelas normas da sociedade anônima, vem sendo tão utilizada que Fábio Ulhoa Coelho subdividiu a sociedade limitada em duas: as instáveis, cuja regência supletiva segue a regra geral do *caput* do artigo 1.053 do Código Civil, pela qual a limitada rege-se, nas omissões da lei, pelas normas da sociedade simples; e as estáveis, com regência supletiva da Lei nº 6.404/1976[38].

Ulhoa estabelece como principal critério de diferenciação entre essas duas formas de limitadas a fragilidade do vínculo societário entre os sócios. Segundo o autor, nas limitadas em que há a regência supletiva da Lei das S.A. não é possível a dissolução parcial pela vontade unilateral do sócio, aproximando a estabilidade do vínculo a dos acionistas de uma companhia.

Tal argumento tem por base, o fato de que a Lei das S.A. prevê hipóteses específicas do direito de retirada, normas cogentes e específicas para aplicação do reembolso que tornariam inócuas a necessidade de dissolução parcial em sociedade por ações[39]. Ao passo que a hipótese do direito de retirada da Lei das S.A. não pode ser aplicada às sociedades limitadas, por força do princípio da tipicidade.

---

[36] Art. 1.076. Ressalvado o disposto no art. 1.061, as deliberações dos sócios serão tomadas:
I – pelos votos correspondentes, no mínimo, a três quartos do capital social, nos casos previstos nos incisos V e VI do art. 1.071;
(...)

[37] Cf. GONÇALVES NETO, op. cit., p. 374.

[38] Cf. COELHO, Fábio Ulhoa. **Curso de direito comercial, volume 2: direito de empresa.** 16. ed. São Paulo: Saraiva, 2012. pp. 43-50.

[39] Cf. ALBUQUERQUE, Bruno Caraciolo Ferreira. **Dissolução parcial na S.A. é constitucional, mas precisa de critérios.** Disponível em: <https://www.conjur.com.br/2017-out-13/bruno-caraciolo-dissolucao-parcial-sa-criterios>. Acesso em 7 de dezembro de 2018.

Entretanto, tem-se visto verdadeira importação de conceitos presentes em normas dispositivas pertencentes às sociedades anônimas para a modelagem de sociedades limitadas, rompendo, em contrapartida, com a tipicidade das normas sociedades limitadas (uma vez que não tem o mesmo propósito das companhias), por força da aplicação da hipótese do parágrafo único do artigo 1.053 do Código Civil.

Tal fato pode ser constatado pelo reconhecimento do Departamento de Registro Empresarial e Integração (DREI) de que a existência de alguns instrumentos da Lei das S.A. em sociedades limitadas presume a regência supletiva desta lei, conforme do Manual de Registro das Sociedades Limitadas trazido como anexo pela Instrução Normativa nº 38, de 2017, de acordo com os seguintes termos:

> "1.4 REGENCIA SUPLETIVA DA LEI Nº 6.404/76 (LEI DAS SOCIEDADES ANÔNIMAS)
> O contrato social poderá prever a regência supletiva da sociedade limitada pelas normas da sociedade anônima, conforme art. 1053, parágrafo único do Código Civil. Para fins de registro na Junta Comercial, a regência supletiva:
> I – poderá ser prevista de forma expressa; ou
> II – presumir-se-á pela adoção de qualquer instituto próprio das sociedades anônimas, desde que compatível com a natureza da sociedade limitada, tais com:
> a) Quotas em tesouraria;
> b) Quotas preferenciais;
> c) Conselho de Administração; e
> d) Conselho Fiscal."

Além do instrumental acima, tem crescido a possibilidade de acesso das limitadas ao mercado de capitais, principalmente pelo fato de que o artigo 2º da Lei nº 6.385, de 1976, apresenta um rol exemplificativo do que são valores mobiliários, uma vez que a inclusão do inciso IX àquele dispositivo, pela Lei nº 10.303, de 2001, definiu o seguinte:

> Art. 2º São valores mobiliários sujeitos ao regime desta Lei:
> [...]
> IX – quando ofertados publicamente, quaisquer outros títulos ou contratos de investimento coletivo, que gerem direito de participação, de parceria ou

de remuneração, inclusive resultante de prestação de serviços, cujos rendimentos advêm do esforço do empreendedor ou de terceiros.

Isto é, além dos títulos de emissão originários da Lei das S.A. e feitos para as companhias (ações, debêntures e bônus de subscrição), bem como dos demais títulos previstos como exemplos no artigo segundo, qualquer documento criado por sociedade não anônima pode ser enquadrado como se título mobiliário fosse e assim ter sua participação no mercado de capitais, não sendo esta mais uma prerrogativa das companhias, já que a própria CVM vem editando instruções a esse respeito para as limitadas.

Portanto, neste momento, considerando o Manual de Registro de Sociedades Limitadas, serão tratados os institutos apontados pelo DREI cuja presença em contrato social indicaria a regência supletiva da Lei das S.A., quais sejam: quotas em tesouraria, quotas preferenciais, conselho de administração e conselho fiscal; além da possibilidade da participação das sociedades limitadas no mercado de capitais com a chancela da CVM, expondo o que dizem algumas de suas instruções.

1.1.1. *Quotas em Tesouraria*

Antes de adentrar na possibilidade de as sociedades limitadas disporem de quotas em tesouraria, é interessante destrinchar o conceito deste instituto que possibilita às sociedades negociarem as próprias parcelas do seu capital social.

Para tanto, deve-se considerar que tesouraria é o lugar ou conta de onde se administra tesouro público ou o departamento a partir do qual se efetuam as operações monetárias e financeiras.

Do ponto de vista das relações internas das sociedades empresárias, o significado de tesouraria é encontrado a partir da divisão da definição da palavra.

A primeira parte trata a tesouraria como o lugar de onde se administra tesouro público e no que toca o direito societário, tem significado mais contido, porque "público" estaria equiparado ao bem social, restrito aos integrantes de uma sociedade.

Já a parte da definição que diz que tesouraria é a seção de onde se efetuam operações monetárias pode se referir à movimentação dos recursos sociais, isto é, onde estão guardados capitais da empresa destinados a fins específicos.

Este assunto está também relacionado ao capital social, que representa apenas uma parcela dos recursos, bens ou, em termos gerais, do patrimônio social da companhia.

O capital social é uma cifra que representa a movimentação de recursos realizada pelos sócios para o início operações das operações da empresa, é um valor histórico que representa o investimento inicial e que, a partir daí, servirá para equilibrar o balanço patrimonial.

Em regra, de acordo com o que rege a Lei das S.A., as parcelas de capital que podem ser mantidas em tesouraria são as ações, as quais ficam alocadas em conta específica e prontas para serem negociadas. Logo, como o depósito de coisa fungível transfere a propriedade[40], a própria sociedade passa a dispor de ações oriundas do seu capital social.

Contudo, a literalidade da regra geral, presente no *caput* do artigo 30 da Lei das S.A., é de que a companhia não poderá negociar com as próprias ações, exceto nas hipóteses das alíneas "b" e "c" do parágrafo 1º daquele artigo, que autorizam a manutenção e a negociação das ações em tesouraria:

"Art. 30. A companhia não poderá negociar com as próprias ações.

§ 1º Nessa proibição não se compreendem:

a) as operações de resgate, reembolso ou amortização previstas em lei;

b) a aquisição, para permanência em tesouraria ou cancelamento, desde que até o valor do saldo de lucros ou reservas, exceto a legal, e sem diminuição do capital social, ou por doação;

c) a alienação das ações adquiridas nos termos da alínea b e mantidas em tesouraria;

d) a compra quando, resolvida a redução do capital mediante restituição, em dinheiro, de parte do valor das ações, o preço destas em bolsa for inferior ou igual à importância que deve ser restituída.

§ 2º A aquisição das próprias ações pela companhia aberta obedecerá, sob pena de nulidade, às normas expedidas pela Comissão de Valores Mobiliários, que poderá subordiná-la à prévia autorização em cada caso.

§ 3º A companhia não poderá receber em garantia as próprias ações, salvo para assegurar a gestão dos seus administradores.

---

[40] Vide artigos 586, 587 e 645 do Código Civil.

§ 4º As ações adquiridas nos termos da alínea b do § 1º, enquanto mantidas em tesouraria, não terão direito a dividendo nem a voto.

§ 5º No caso da alínea d do § 1º, as ações adquiridas serão retiradas definitivamente de circulação."

Esse dispositivo é truncado, mas a partir da redação das alíneas "b" e "c" do parágrafo 1º é possível inferir que a companhia poderá negociar com as próprias ações, desde que a aquisição para permanência em tesouraria seja feita até o valor do saldo de lucros ou reservas (exceto a reserva legal) e sem diminuição do capital social[41].

Nos termos do parágrafo 2º do artigo 30, a aquisição das próprias ações pela companhia aberta obedecerá, sob pena de nulidade, às normas expedidas pela CVM, que acrescenta ainda mais limitações ao disposto no parágrafo 1º.

A CVM determina que as companhias abertas poderão adquirir as próprias ações, desde que haja norma no estatuto social que atribua ao conselho de administração os poderes para autorizar tal procedimento, nos termos das Instruções nº 10/1980 e nº 567/2015.

Conforme o artigo 3º da Instrução CVM nº 10/1980, as companhias abertas não poderão manter em tesouraria ações de sua emissão quantidade superior a 10% de cada classe de ações no mercado, o que limita a regra do artigo 30 da Lei das S.A. sobre o limite das reservas.

A companhia aberta ainda deverá obedecer a uma série de formalidades, introduzidas pelas instruções do órgão regulador. Já nas companhias fechadas, deve ser assegurado aos acionistas, em igualdade de condições – ou terão que renunciar a – o direito de preferência, que lhes é essencial na aquisição dessas ações[42].

---

[41] Vale mencionar também que o reembolso, nos casos previstos em lei, é a operação em que a companhia paga aos acionistas dissidentes de deliberação da assembleia-geral o valor de suas ações, montante que poderá ser pago nas mesmas condições previstas no artigo 30 (artigo 45, §5º, da Lei 6.404/1976).

[42] Art. 109. Nem o estatuto social nem a assembléia-geral poderão privar o acionista dos direitos de:
(...)
IV – preferência para a subscrição de ações, partes beneficiárias conversíveis em ações, debêntures conversíveis em ações e bônus de subscrição, observado o disposto nos artigos 171 e 172;

Importante destacar, também, que a companhia não terá direito de fiscalização, preferência ou participação no seu acervo em caso de liquidação, porque são situações impossíveis de serem concretizadas, uma vez que esses direitos são inerentes à sujeitos que tem uma relação extrínseca com a sociedade.

Assim retorna-se ao ponto central deste item, podem as limitadas manter quotas em tesouraria?

O revogado Decreto nº 3.708/19, que outrora regulou as limitadas, dizia que era lícito às sociedades adquirirem quotas liberadas em tesouraria, desde que o fizessem com fundos disponíveis e sem ofensa do capital social. Entretanto, no Código Civil não há qualquer previsão sobre o assunto.

Nesse cenário, a prática fez o parágrafo único do artigo 1.053, do Código Civil, que faculta ao contrato social da sociedade prever a regência supletiva das normas da sociedade anônima, reconhecer a possibilidade às limitadas de negociar suas próprias quotas nos termos do já mencionado artigo 30 da Lei nº 6.404/76.

A princípio, eram recorrentes as exigências das Juntas Comerciais, no intuito barrar essas disposições, porém, aos poucos o entendimento pela possibilidade de existência das quotas em tesouraria foi sendo sedimentado, sobretudo pelos enunciados das próprias Juntas Comerciais[43].

O entendimento a respeito da possibilidade de se alocar quotas à tesouraria também se consolidou pela Instrução nº 38 do DREI e pela jurisprudência, como por exemplo o Recurso Especial nº 1.332.766-SP, pela Quarta Turma do Superior Tribunal de Justiça, sob a Relatoria do Ministro Luis Felipe Salomão.

O julgado do STJ confirmou a solução dada pelo Tribunal de origem em caso que se discutia a dissolução parcial de sociedade no tocante aos haveres referentes à quotas que estavam empenhadas como garantia à terceiros, determinando que elas poderiam permanecer em tesouraria, sem afetar a gestão social, preservando a empresa de modo a evitar a dissolução parcial da sociedade e a ingerência de terceiros[44].

---

[43] A exemplo do Enunciado nº 39 da Junta Comercial do Estado de São Paulo (JUCESP), que trata das quotas em tesouraria.
[44] RECURSO ESPECIAL. DIREITO SOCIETÁRIO E PROCESSUAL CIVIL. REQUERIMENTO DE ANTECIPAÇÃO DOS EFEITOS DA TUTELA EM SUSTENTAÇÃO ORAL. VIABILIDADE. AÇÃO DE DISSOLUÇÃO PARCIAL DE SOCIEDADE LIMITADA

No que diz respeito à Instrução do DREI, a norma prevista não só reiterou o entendimento já consolidado pela prática, mas também determinou que para fins de registro na Junta Comercial, a regência supletiva poderá ser prevista de forma expressa ou presumida pela adoção de qualquer instituto próprio das sociedades anônimas, desde que compatível com a natureza da sociedade limitada, tais como as quotas em tesouraria.

Isto significa que, não obstante o regime específico das quotas em tesouraria, que engloba instrumentos legais típicos da Lei nº 6.404/1976, como as reservas que limitam a aquisição para permanência das ações em tesouraria e o parâmetro do preço das ações em bolsa, o DREI nova-

SÓCIO QUE DETÉM PARTE DAS QUOTAS SOCIAIS EMPENHADAS. DEFERIMENTO DE. HAVERES REFERENTES APENAS ÀQUELAS LIVRES DE ÔNUS REAIS, COM EXCLUSÃO DE QUALQUER POSSIBILIDADE DE PARTICIPAÇÃO DOS SÓCIO RETIRANTE NAS DELIBERAÇÕES. POSSIBILIDADE.
1. O pedido de antecipação dos efeitos da tutela poderia ser formulado ao relator, e o art. 273 do CPC/1973 deixa nítido que novas circunstâncias podem autorizar o pedido, não havendo razoabilidade na tese de que o requerimento não pode ser feito, em sede de sustentação oral, ao Colegiado que apreciará o recurso.
2. Por um lado, cuida-se de ação de dissolução parcial de sociedade limitada para o exercício do direito de retirada do sócio, por perda da affectio societatis, em que o autor reconhece que parte de suas quotas sociais estão empenhadas, requendo os haveres correspondentes apenas àquelas que estão livres de ônus reais. Por outro lado, é um lídimo direito de sócio de sociedade limitada, por prazo indeterminado, o recesso, coibindo eventuais abusos da maioria e servindo de meio-termo entre o princípio da intangibilidade do pacto societário e a regra da sua modificabilidade.
3. A boa-fé atua como limite ao exercício de direitos, não sendo cabível cogitar-se em pleito vindicando a dissolução parcial da sociedade empresária, no tocante aos haveres referentes às quotas sociais que estão em penhor, em garantia de débito com terceiros.
4. A solução conferida, no tocante às quotas empenhadas – consoante decidido pelo Tribunal de origem, permanecerão "em tesouraria", em nada afetando a boa gestão social –, é equânime e se atenta às peculiaridades do caso, contemplando os interesses das partes e dos credores do autor, e tem esteio no princípio da conservação da empresa (evitando-se dissolução nem mesmo requerida para pagamento de haveres referentes às quotas empenhadas).
5. A manutenção das quotas sociais empenhadas "em tesouraria" é harmônica com a teleologia do art. 1.027, combinado com o art. 1.053, ambos do Código Civil, que, para, simultaneamente, evitar a dissolução parcial da sociedade e a ingerência de terceiros na gestão social, estabelece que os herdeiros do cônjuge de sócio, ou o cônjuge do que se separou judicialmente, não podem exigir, desde logo, a parte que lhes couber na quota social, mas devem concorrer à divisão periódica dos lucros, até que se liquide a sociedade.
6. Recurso especial não provido.

mente consolidou a interpretação analógica de que ferramental previsto originalmente previsto para as sociedades por ações também se aplicaria às limitadas.

1.1.2. *Quotas Preferenciais*

De igual modo que as quotas em tesouraria, antes de adentrar a aplicação do conceito às sociedades limitadas é necessário falar das ações preferenciais, previstas nos artigos 17 a 19 da Lei nº 6.404/1976.

As vantagens trazidas por aquele dispositivo podem consistir em prioridade: (i) na distribuição de dividendo, fixo ou mínimo; ou (ii) no reembolso do capital, com prêmio ou sem ele, ou ainda, na acumulação dessas vantagens. Devem constar do estatuto também, com precisão e minúcia, eventuais preferências que sejam atribuídas aos acionistas sem direito a voto.

Desde a vigência do Decreto nº 3.708/1919 que, embora bastante sucinto, conforme explica Luiz Guilherme Pessoa Cantarelli[45], por essa característica favorecia aos empresários a utilizarem nas quotas as preferencias conferidas às ações, porque, não obstante o decreto tivesse 18 artigos, nele já havia norma de regência supletiva às regras das sociedades anônimas.

Sobrevindo o Código Civil a ideia ganhou mais força também em função do artigo 1.055, que diz que o capital social se divide em quotas, iguais ou desiguais, cabendo uma ou diversas a cada sócio.

De acordo com o entendimento de Leonardo Netto Parentoni e Jacqueline Delgado Miranda[46] "Esse argumento é reforçado pela regra do art. 1.010, que dispõe que todas as cotas, independentemente de seu valor, votam nas deliberações sociais, acrescentando, ainda, que, para os fins do Código, maioria absoluta corresponde a mais da metade de todo o capital social".

Aqueles autores demonstram a construção do referido argumento por meio do seguinte exemplo:

---

[45] Cf. CANTARELLI. Luiz Guilherme Pessoa. **As quotas preferenciais nas sociedades limitadas – vol. 96/2018. São Paulo: Revista dos Tribunais**. Dez, 2018, pp. 139-168.
[46] Cf. PARENTONI, Leonardo Netto; MIRANDA, Jacqueline Delgado. **Cotas sem direito de voto na sociedade limitada: panorama brasileiro e norte-americano**. Revista Eletrônica do curso de Direito da Universidade Federal de Santa Maria. Disponível em: <https://periodicos.ufsm.br/revistadireito/article/view/22784/pdf>. Acesso em 10 de dezembro de 2018.

"Por outro lado, as cotas preferenciais com supressão ou restrição desse direito realmente não são admissíveis, ao menos segundo a redação atual do Código Civil. Inicialmente, por uma razão de fato. Nas deliberações para as quais há quórum definido em lei, como alguns deles são elevados, alcançando ¾ do capital social, seria impossível preenchê-los caso mais de 25% do capital total fosse composto por cotas sem direito de voto. Até mesmo a instalação da assembleia geral seria dificultada, visto que seu quórum primário também é de ¾."

Apesar dessa inviabilidade lógica das quotas preferenciais, o DREI proibia as limitadas de tê-las à disposição para fins de registro, por meio do manual para as sociedades limitadas anexo a Instrução Normativa nº 10, de 2013, o que foi alterado pela Instrução Normativa 38 de 2017.

Conforme João Luiz Coelho da Rocha[47], referida Instrução Normativa veio em boa hora, já que a autoridade registral por vezes esquece, que, ao contrário do princípio vigente no direito público, no direito privado tudo o que não sofrer vedação, ou em norma expressa, ou em princípio claro, é permitido.

Importante frisar que não há restrições no Código Civil quanto a distribuição diferenciada de lucros.

No entanto, quanto ao direito de voto, cabe mencionar o entendimento de Marlon Tomazette[48], a eventual supressão do direito de voto deve ser considerada ilegal, uma vez que nas limitadas, o voto é considerado um direito essencial, "porque todos os quóruns previstos na legislação fazem referência ao capital social, que deve ser considerado como um todo, não havendo margem para a consideração apenas do capital votante".

1.1.3. *Conselho de Administração*

O artigo 138 da Lei nº 6.404/1976 prevê que a administração da companhia competirá ao conselho e à diretoria, conforme dispuser o estatuto, ou só a diretoria se o conselho não estiver instalado.

---

[47] Cf. ROCHA, João Luiz Coelho da. **Enfim as cotas preferenciais**. Disponível em: <https://www.migalhas.com.br/dePeso/16,MI271884,51045-Enfim+as+cotas+preferenciais>. Acesso em 12 d dezembro de 2018.

[48] Cf. TOMAZETTE, Marlon. **Curso de direito empresarial: teoria geral e direito societário – volume 1**. São Paulo: 9. ed. Saraiva Educação, 2018.

O conselho de administração é órgão de deliberação colegiada que, quando instalado, faz com que a companhia passe a adotar um regime próprio de administração, uma vez que os acionistas abdicam de alguns de seus poderes em favor dos seus respectivos representantes nas cadeiras do conselho, por comando legal[49].

Inclusive, no caso de companhias abertas e de capital autorizado, o conselho de administração adquire importância ainda maior, porque sua instalação é obrigatória[50].

Ocorre que, na prática, os sócios de limitadas vem adotando conselhos de administração para fins de governança e melhor estruturação das sociedades, inclusive para fins sucessórios[51].

Porém, naquele tipo societário o conselho de administração é um órgão que tem respaldo unicamente no direito privado estabelecido

---

[49] Art. 142. Compete ao conselho de administração:
I – fixar a orientação geral dos negócios da companhia;
II – eleger e destituir os diretores da companhia e fixar-lhes as atribuições, observado o que a respeito dispuser o estatuto;
III – fiscalizar a gestão dos diretores, examinar, a qualquer tempo, os livros e papéis da companhia, solicitar informações sobre contratos celebrados ou em via de celebração, e quaisquer outros atos;
IV – convocar a assembléia-geral quando julgar conveniente, ou no caso do artigo 132;
V – manifestar-se sobre o relatório da administração e as contas da diretoria;
VI – manifestar-se previamente sobre atos ou contratos, quando o estatuto assim o exigir;
VII – deliberar, quando autorizado pelo estatuto, sobre a emissão de ações ou de bônus de subscrição.
VIII – autorizar, se o estatuto não dispuser em contrário, a alienação de bens do ativo não circulante, a constituição de ônus reais e a prestação de garantias a obrigações de terceiros.
IX – escolher e destituir os auditores independentes, se houver.
§ 1º Serão arquivadas no registro do comércio e publicadas as atas das reuniões do conselho de administração que contiverem deliberação destinada a produzir efeitos perante terceiros.
§ 2º A escolha e a destituição do auditor independente ficará sujeita a veto, devidamente fundamentado, dos conselheiros eleitos na forma do art. 141, § 4º, se houver.
[50] Art. 138. A administração da companhia competirá, conforme dispuser o estatuto, ao conselho de administração e à diretoria, ou somente à diretoria.
§ 1º O conselho de administração é órgão de deliberação colegiada, sendo a representação da companhia privativa dos diretores.
§ 2º As companhias abertas e as de capital autorizado terão, obrigatoriamente, conselho de administração.
[51] Cf. Assumpção, Marcos Puglisi de. **Gestão patrimonial – o que fazer para proteger seu patrimônio.** in Prado, Roberta Nioac. Empresas Familiares: uma visão interdisciplinar – Capítulo 12. São Paulo: Noeses, 2015. p. 315.

contratualmente entre os sócios, pois não guardam o caráter de norma de ordem pública e efetividade conferidos pela Lei das S.A., fato que ressalta o caráter híbrido e *sui generis* das limitadas.

Contudo, a mera presença de cláusula que estabeleça a existência de conselho de administração na sociedade limitada, leva, por analogia, à aplicação da Lei das S.A., por não haver qualquer outra lei que trate deste assunto.

Nesse contexto, o instituto foi legitimado pelo DREI, por meio do novo manual de registro das sociedades limitadas trazido pela Instrução Normativa nº 38 de 2017, item 1.2.13.5[52], que por vezes era alvo de exigências das Juntas Comerciais quanto a possibilidade de instalação do órgão em limitadas.

Dessa forma as juntas comerciais estão autorizadas a reconhecer que se uma sociedade adota qualquer dos institutos acima, automaticamente ela está submetida a regência supletiva das Lei das S.A., o que evidencia tentativa de aproximação entre os dois tipos societários, de forma institucionalizada.

Considerando que a norma da regência supletiva pelas normas da sociedade anônima não está descrita em contrato social e que não há qualquer menção ao conselho de administração no regime das sociedades simples, a norma administrativa do DREI serve como direcionamento a interpretação de que, em havendo instrumento típico de sociedade anônima em contrato social de limitada, prevalecerá a analogia com a lei das companhias.

1.1.4. *Conselho Fiscal*

O Conselho Fiscal é um órgão cujos componentes tem responsabilidade equiparadas aos da administração da empresa, mas que funciona por meio de provocação, isto é, sua forma de fiscalização não tem o caráter preventivo dos órgãos da administração, mas sim corretivo, feita em ato posterior ao fato.

---

[52] 1.2.13.5 Conselho de Administração
Fica facultada a criação de Conselho de Administração na Sociedade Empresária Limitada, aplicando-se, por analogia, as regras previstas na Lei nº 6.404/76, de 15 de dezembro de 1976. Quando adotado o conselho de administração, o administrador poderá ser estrangeiro ou residente no exterior, devendo, contudo, apresentar procuração outorgando poderes específicos a residente no Brasil para receber citação judicial em seu nome (art. 146, § 2º, da Lei nº. 6.404/76, de 15 de dezembro de 1976).

Isto ocorre devido a diferenciação entre as relações internas de uma sociedade, oriundas de exercício ativo de poder, a saber o status e a qualificação, no caso do conselho fiscal os poderes não advem do status de sócio, mas da qualificação específica da condição de conselheiro fiscal, nos termos dos artigos 161 e 162 da Lei das S.A.[53].

De acordo com Nelson Eizirik[54], desde o século XIX, o direito societário, atribui caráter cogente as normas que definem as atribuições dos órgãos pelo fato de terem as companhias características diferentes das demais sociedades, sobretudo a captação da poupança pública e participação no mercado de capitais, que sempre exigiram regulação estatal para proteger, acionistas, investidores do mercado e terceiros.

Não obstante essas características, durante a vigência do decreto 3.708/1919 as sociedades por quotas de responsabilidade limitada já tinham a possibilidade de aplicação subsidiária das disposições da Lei das Companhias, pelo que se registrou na pratica mercantil, a adoção do conselho fiscal para acompanhar melhor a gestão social de algumas daquelas limitada, o que foi incorporado pelo Código Civil de 2002, conforme leciona Gonçalves Neto[55].

Ao contrário do ocorre numa companhia, de acordo com o Código Civil o conselho fiscal é um órgão que pode ser previsto em contrato social ou não, seu regramento de acordo com aquela lei é menos detalhado, embora as ideias centrais de competência, composição e indelegabilidade das funções do conselheiro fiscal se assemelhem ao do regramento da Lei nº 6.404/1976.

Por ter previsão na Lei Civil, a princípio, parece não haver razão para o manual do DREI considerar que a cláusula estabelecendo o conselho fiscal em contrato social de uma limitada dê ensejo a aplicação da Lei das S.A. por supletividade. Entretanto, a Lei das S.A., como dito, é mais detalhada em relação a atuação do conselheiro.

No que tange a qualificação e remuneração dos conselheiros, se previstas no contrato social no mesmo nível de detalhe, de fato, a presunção

---

[53] Cf. PONTES, Evandro Fernandes de. **O conselho fiscal nas companhias abertas brasileiras.** Disponível em: <http://www.teses.usp.br/teses/disponiveis/2/2132/tde-18112011-163617/pt-br.php>. Acesso em 11 de dezembro de 2018.

[54] Cf. EIZIRIK, Nelson. **A Lei das S/A Comentada.** Volume III – 2ª ed. São Paulo. São Paulo, Quartier Latin: 2015, p. 228.

[55] Cf. Gonçalves Neto, op. cit., p. 415.

de aplicação supletiva da Lei 6.404/1976 pode estar configurada, por serem normas dispositivas.

Outras, contudo, são normas cogentes de aplicação exclusiva às sociedades por ações, por exemplo, as regras sobre os deveres e responsabilidades dos conselheiros.

Os parágrafos 2º e 3º do artigo 165 da Lei nº 6.404/1976 abrandam a responsabilidade solidária dos membros do Conselho Fiscal, no sentido de isentar o membro que não foi conivente com os atos ilícitos ou que tenham consignado sua divergência em ata de reunião de Conselho.

Essa mitigação da responsabilidade não tem como ser aplicada por simples possibilidade de regência supletiva da lei das S.A., porque as normas do Código Civil, artigos 1.070 e 1.016, é ampla, uma vez que não apresentam hipóteses de mitigação da solidariedade, já que limita-se a dizer que responsabilidade de seus membros obedece à regra que define a dos administradores, os quais respondem solidariamente à sociedade e aos terceiros prejudicados, por culpa no desempenho de suas funções.

Por outro lado, o inciso III do artigo 163 da Lei das S.A. diz que dentre os assuntos sobre os quais o conselho fiscal poderá opinar é sobre a emissão de debêntures ou bônus de subscrição, esse é mais um exemplo de norma que não pode ter a presunção da regência da Lei das S.A., porquanto são institutos exclusivos de companhias.

Na hipótese, a opinião que pode ser dada pelo conselho fiscal a respeito desse assunto é a não recomendação, justamente por ausência de legislação que dê fundamento a esta possibilidade.

Embora ausentes as possibilidades de, nos termos da Lei, as limitadas emitirem debêntures e bônus de subscrição, vem crescendo as formas de sua participação no mercado de capitais por meio de instrumentos análogos e com a chancela da CVM, conforme será visto no tópico a seguir.

1.1.5. *Acesso das Sociedades limitadas ao Mercado de Capitais*

Embora sejam as companhias as sociedades habilitadas a emissão de títulos por prerrogativa eminentemente legal, conforme os artigos 52 a 79 da Lei das S.A., o regulador, atendendo aos anseios da doutrina e do mercado, vêm reconhecendo a possibilidade das sociedades limitadas em participar do mercado de capitais.

José Romeu Garcia Do Amaral[56], inclusive sugere uma estrutura básica para que as sociedades limitadas possam emitir debêntures, devendo o seu contrato social conter: (i) a regência supletiva da sociedade limitada pelas normas das sociedades anônimas; (ii) conselho fiscal; (iii) regime da assembleia para as deliberações sociais[57]; e (iv) a sociedade deverá dar publicidade dos atos societários e das demonstrações financeiras, adotando-se o modelo de publicação no Diário Oficial da União ou do Estado, conforme o local da sede da sociedade, e em jornal de grande circulação.

No entanto, tome-se como exemplo o mercado de notas promissórias, acordo com Walter Stuber[58], para a realização de oferta pública daqueles títulos os emissores terão pelo menos três procedimentos distintos, a depender do tipo de investidor, sob a chancela da CVM.

O primeiro, para qualquer investidor, seguirá o rito da Instrução CVM nº 588, de 13 de julho de 2017, sobre oferta pública de distribuição de valores mobiliários de emissão de sociedades empresárias de pequeno porte realizada com dispensa de registro por meio de plataforma eletrônica de investimento participativo[59], o *crowdfunding*[60].

---

[56] Cf. AMARAL. José Romeu Garcia do. **Ensaio sobre o regime jurídico das debêntures**. Disponível em: <http://www.teses.usp.br/teses/disponiveis/2/2132/tde-21012015-093339/pt-br.php>. Acesso em 17 de dezembro de 2018.

[57] Sendo que para as limitadas as deliberações em assembleia só são obrigatórias se o número de sócios for superior a 10, conforme o artigo 1.072, parágrafo primeiro, do Código Civil.

[58] Cf. STUBER, Walter. **Oferta pública de distribuição de notas promissórias**. Revista de Direito Bancário e do Mercado de Capitais – vol. 71/2015. São Paulo: Revista dos Tribunais, Out -Dez / 2015, pp. 93-102.

[59] No texto original, Walter Stuber mencionava o procedimento previsto na Instrução CVM 400 de 29 de dezembro de 2003, que dispensava, automaticamente, de registro a oferta pública de distribuição de valores mobiliários de emissão de empresas de pequeno porte e de microempresas, assim definidas em lei, isto é, sociedades não constituídas sob a forma de sociedades por ações, conforme o artigo 3º, parágrafo 4º, inciso X da Lei Complementar nº 123, de 14 de dezembro de 2006. A norma da Instrucao CVM em questão, qual seja, art. 5º, inciso III, foi revogada pela superveniência Instrução CVM no 588, de 13 de julho de 2017.

[60] O crowdfunding é uma espécie de financiamento coletivo que é alavancada a partir da exposição e criação de redes comunitárias. Cf. LIMA, Felipe Lourenço Moura. **Crowdfunding e regulação**. Disponível em: < https://www.linkedin.com/pulse/crowdfunding-e--regula%C3%A7%C3%A3o-felipe-louren%C3%A7o-moura-lima/>. Acesso em 11 de dezembro de 2018.

Já para investidores qualificados[61] será seguido o procedimento de registro automático com disponibilização de lâmina de informações reduzidas instituído pela Instrução CVM nº 566 de 31 de julho de 2015 e para investidores profissionais[62] o procedimento a que se refere a Instrução CVM nº 476 de 16 de janeiro de 2009[63].

Ainda, conforme lembra José Romeu Garcia do Amaral[64], a CVM reconhece a compatibilidade das sociedades limitadas para emissão de Nota Comercial do Agronegócio – NCA (art. 2º da Instrução Normativa CVM nº 422 de 20 de setembro de 2005) e notas comerciais e cédula de crédito bancário – CCB (art. 33 da Instrução Normativa CVM nº 480).

---

[61] De acordo com o artigo 9º-B da Instrução CVM nº 539, de 13 de dezembro de 2013, alterada pela Instrução CVM nº 554 de 17 de dezembro de 2014, são considerados investidores qualificados: I – investidores profissionais; II – pessoas naturais ou jurídicas que possuam investimentos financeiros em valor superior a R$ 1.000.000,00 (um milhão de reais) e que, adicionalmente, atestem por escrito sua condição de investidor qualificado mediante termo próprio, de acordo com o Anexo 9-B; III – as pessoas naturais que tenham sido aprovadas em exames de qualificação técnica ou possuam certificações aprovadas pela CVM como requisitos para o registro de agentes autônomos de investimento, administradores de carteira, analistas e consultores de valores mobiliários, em relação a seus recursos próprios; e IV – clubes de investimento, desde que tenham a carteira gerida por um ou mais cotistas, que sejam investidores qualificados.

[62] De acordo com o artigo 9º-A Instrução CVM nº 539, de 13 de dezembro de 2013, alterada pela Instrução CVM nº 554 de 17 de dezembro de 2014, são considerados investidores profissionais: I – instituições financeiras e demais instituições autorizadas a funcionar pelo Banco Central do Brasil; II – companhias seguradoras e sociedades de capitalização; III – entidades abertas e fechadas de previdência complementar; IV – pessoas naturais ou jurídicas que possuam investimentos financeiros em valor superior a R$ 10.000.000,00 (dez milhões de reais) e que, adicionalmente, atestem por escrito sua condição de investidor profissional mediante termo próprio, de acordo com o Anexo 9-A; V – fundos de investimento; VI – clubes de investimento, desde que tenham a carteira gerida por administrador de carteira de valores mobiliários autorizado pela CVM; VII – agentes autônomos de investimento, administradores de carteira, analistas e consultores de valores mobiliários autorizados pela CVM, em relação a seus recursos próprios; VIII – investidores não residentes.

[63] É o que se depreende do entendimento da SDM, no Relatório de Análise, que manifestou seu não convencimento sobre a necessidade de restringir as ofertas públicas com esforços restritos a um tipo societário. Cf. PEREIRA FILHO, Valdir Carlos; HAENSEL, Taimi. **A Instrução CVM 476 e as ofertas públicas com esforços restritos**. Revista de Direito Bancário e do Mercado de Capitais – vol. 45/2009. São Paulo: Revista dos Tribunais, Jul-Set/2009 pp. 333-343.

[64] Cf. AMARAL. José Romeu Garcia do. op. cit.

Diante das autorizações concedidas pelo regulador por meio de instruções normativas, questiona-se: qual seria o lastro legal que a CVM teria para tanto, já que apenas as sociedades por ações teriam fundamento em lei para realizar a emissão de títulos e valores mobiliários?

Antes de responder a esta questão é necessário diferenciar o que são os mercados financeiro e de capitais.

De acordo com Mosquera[65], financeiros ou de crédito são os mercados em que um terceiro, normalmente bancos, captam recursos da poupança pública mediante o pagamento de juros e o repassa de volta para seus clientes mediante empréstimo a juros maiores, gerando assim o *spread* bancário.

Na prática, é um terceiro que funciona como parte no caminho traçado entre os investidores e empreendedores, uma vez que arrecada para si os recursos e os transfere por operações de financiamento, mediante o pagamento de juros.

Nos mercados de capitais, a transferência de recursos oriundos da poupança dos investidores aos respectivos empreendimentos ocorre de maneira direta. Na verdade, em regra há a figura de um terceiro (banco, corretora, bolsa de valores, etc) que organiza e fornece o canal entre a parte que aplica o dinheiro e a que o recebe.

Nesse caso, o terceiro é remunerado pela prestação do serviço de ligação entre as partes e são necessários justamente para otimizar a regulação, uma vez que por centralizarem as operações de mercado de capitais tornam mais simples a tarefa de vigilância dos regulados pela CVM.

Segundo Mosquera[66], por questões econômicas, mercadológicas, técnicas, etc., o mercado financeiro concentra basicamente a realização de todas as operações de renda fixa e no mercado de capitais realizam-se preponderantemente as de renda variável.

O que não quer dizer que no mercado de capitais inexistam as operações de renda fixa, pelo contrário, se analisadas as formas de investimento que o mercado de capitais brasileiro viabiliza, é possível até afirmar que os valores mobiliários de renda fixa são em maior número.

---

[65] Cf. MOSQUERA, Roberto Quiroga. **Tributação no Mercado Financeiro e de Capitais**. São Paulo, Dialética, 1999.
[66] Ibidem.

Isto ocorre pela mesma razão que motivou o questionamento feito acima, cuja resposta está no desenvolvimento da forma de regulação do mercado de capitais brasileiro por meio da Lei nº 6.385 de 7 de dezembro de 1976.

Logo, a razão pela qual é possível afirmar que valores mobiliários de renda fixa no mercado de capitais são em maior número é porque a CVM tem uma ampla prerrogativa garantida por lei de reconhecer o que são valores mobiliários e, por conseguinte, de autorizar que sociedades não anônimas participem do mercado de capitais mediante a emissão de valores mobiliários.

Conforme demonstra Nelson Eizirik[67], esta prerrogativa é prevista pela Lei nº 6.385/1976 e alcança a todos os emissores de valores mobiliários que se sujeitam as disciplinas previstas naquela lei para as companhias abertas, nos termos do parágrafo 2º do artigo 2º.

A CVM ainda pode exigir que, nos termos do parágrafo 3º do mesmo artigo 2º, os demais emissores de valores mobiliários destinados a distribuição pública se constituam sob a forma de sociedade anônima.

Os dispositivos acima referidos tiveram redação dada pela Lei nº 10.303/2001, que alterou a redação original da Lei nº 6.385/1976 e, inclusive, modificou a noção de valor mobiliário na legislação brasileira.

De acordo com Nelson Eizirik, a expressão "valores mobiliários" designava os títulos emitidos por sociedades anônimas, ou representativos de direitos sobre tais títulos, passiveis de distribuição no mercado de balcão, bem como outras formas de investimentos coletivos previstas em leis e regulamentos específicos. Ademais, os valores mobiliários eram aqueles descritos na lei.

Contudo, também com a Lei 10.303/2001, acrescentou-se ao rol dos valores mobiliários descritos no artigo 2º da Lei nº 6.385/1976, a genérica disposição do inciso IX, a qual diz o seguinte:

> Art. 2º São valores mobiliários sujeitos ao regime desta Lei:
> [...]
> IX – quando ofertados publicamente, quaisquer outros títulos ou contratos de investimento coletivo, que gerem direito de participação, de parceria ou

---

[67] Cf. EIZIRIK. Nelson. **Os valores mobiliários na nova Lei das S/A.** Revista de Direito Mercantil, Industrial, Econômico e Financeiro, n. 124, pp. 72-79. Out/dez 2001.

de remuneração, inclusive resultante de prestação de serviços, cujos rendimentos advêm do esforço do empreendedor ou de terceiros.

Não obstante a existência dos outros títulos elencados no artigo 2[968], o fato é que com a inclusão do inciso IX passaram a ser considerados valores mobiliários os contratos de investimento coletivo quando ofertados publicamente.

É como também entende José Eduardo Carneiro de Queiroz[69], ao inferir que a mesma qualificação é aplicável às ações, debêntures, notas comerciais, certificados de depósito, cotas de fundos de investimento e derivativos, mas não à valores mobiliários negociados privadamente, sem ser alvo de oferta pública.

Segundo Queiroz[70], com a inclusão do contrato de investimento como valor mobiliário, passou-se a contar com uma definição contemporânea e alinhada com um mercado de capitais dinâmico e variado em termos de possibilidades de investimento.

Esta nova definição tem clara inspiração no conceito norte-americano de *security*, equivalente aos valores mobiliários na legislação brasileira atual, que amplia o alcance da definição de valor mobiliário para compreender qualquer arranjo contratual que represente investimento.

---

[68] Art. 2º. São valores mobiliários sujeitos ao regime desta Lei:
I – as ações, debêntures e bônus de subscrição;
II – os cupons, direitos, recibos de subscrição e certificados de desdobramento relativos aos valores mobiliários referidos no inciso II;
III – os certificados de depósito de valores mobiliários;
IV – as cédulas de debêntures;
V – as cotas de fundos de investimento em valores mobiliários ou de clubes de investimento em quaisquer ativos;
VI – as notas comerciais;
VII – os contratos futuros, de opções e outros derivativos, cujos ativos subjacentes sejam valores mobiliários;
VIII – outros contratos derivativos, independentemente dos ativos subjacentes;e
(...)
[69] Cf. Queiroz, José Eduardo Carneiro. **Valor mobiliário, oferta pública e oferta privada: conceitos para o desenvolvimento do mercado de capitais**. In Doutrinas Essenciais de Direito Empresarial, vol. 8. São Paulo: Revista dos Tribunais, Dez – 2010. pp. 193 – 200.
[70] Ibidem.

Sobre a relação entre a noção de *security* e o disposto no inciso IX do artigo 2º da Lei nº 6.385/76, Nelson Eizirik explica[71]:

"A transação em que (1) uma pessoa investe seus recursos (2) em um empreendimento coletivo (3) com a expectativa de obter lucro e (4) cujos esforços advêm do daqueles que lançaram o título, ou de terceiros, mas nunca daquele que nele investiu.
Nos termos do art. 2º da Lei nº 6.385/1976 com a nova redação dada pela Lei nº 10.303/2001, considera-se que constitui valor mobiliário, quando ofertado publicamente qualquer título ou contrato de investimento coletivo.
Tratando-se de uma venda privada na qual não estejam presentes os elementos caracterizadores da distribuição pública, não se aplica o art. 2º, ainda que preenchidos os demais requisitos componentes do conceito de valor mobiliário."

Em arremate, Eizirik conclui que "dado caráter flexível do conceito de 'títulos e contratos de investimento coletivo', presume-se que o legislador entendeu que não mais será necessária a ampliação do rol de ativos tidos como valores mobiliários".

Ou seja, fica a cargo da CVM a regulamentação da norma legal, por meio da edição de instruções normativas, importando ao regulador, sobretudo, a forma de oferta para caracterização do valor mobiliário e não se o veículo emissor é, por essência, o mais adequado a realizar emissões, esta vem a ser uma questão secundária após a identificação da oferta e distribuição de títulos aptos a serem caracterizados valores mobiliários.

Por fim, para Queiroz[72] importa fixar que "sempre que houver contato com um grupo determinado de pessoas, sem acesso aos investidores em geral e com os cuidados necessários para que a informação não seja disseminada a terceiros fora desse grupo, estará caracterizada uma oferta privada sobre a qual não há aplicação da regulamentação do mercado de capitais".

Disto isto, não obstante o reconhecimento do regulador da participação de outras entidades diversas das sociedades anônimas no mercado

---

[71] Cf. Eizirik, Nelson. op. cit. pp. 72-79
[72] Cf. Queiroz, José Eduardo Carneiro. op. cit. pp. 193 – 200.

de capitais, sobretudo as sociedades limitadas, os investimentos no Brasil, são tradicionalmente realizados via mercado financeiro e liderados pelo setor bancário.

Em razão disso, o relatório da Agenda ANBIMA e B3[73] para os mercados de capitais defende que "é preciso encontrar fontes alternativas de capital, pois o modelo de financiamento que sustentou o crescimento econômico brasileiro em boa parte do século XX não é mais capaz de viabilizar os investimentos necessários para que o Brasil volte a crescer de forma sustentável".

O relatório sustenta ainda que com o desenvolvimento do mercado de capitais tem-se a formação de "um ciclo virtuoso que estimula a disponibilidade de capital, proporciona liquidez para empresas e investidores, oferece prazos adequados para pagamento de dívidas, reduz o custo de capital e, consequentemente, melhora as taxas de retorno dos investimentos".

Nesse contexto, Marcelo Godke Veiga e Erik Frederico Oioli[74] defendem que as operações de mercado de capitais fomentam uma estrutura de capital mais eficiente para as empresas, uma vez que no mercado bancário a praxe é conceder crédito a empresas são previamente capitalizadas por seus sócios.

A defesa dos referidos autores se relaciona com as *startups* que normalmente são constituídas sob a forma de sociedades limitadas, por serem menos custosas, e que para desenvolver tecnologia necessitam de capital mais barato, razão pela qual as sociedades constituídas sob a forma de limitada teriam o direito de acessar o mercado de capitais.

Veiga e Oioli defendem que não há qualquer vedação legal nesse sentido e mais, observam que o artigo 1.057 determina que o contrato social poderá determinar a livre transferência de quotas sem necessidade de autorização dos sócios, o que favoreceria a oferta de participações societárias das limitadas na forma de valor mobiliário.

---

[73] Cf. ANBIMA; B3. **Mercado de capitais: caminhos para o desenvolvimento, Agenda ANBIMA e B3.** Disponível em: <http://www.anbima.com.br/data/files/0A/D6/9F/C5/D9A956105B26D856A9A80AC2/Relatorio-Agenda-Mercado-de-Capitais-ANBIMA-B3--Digital.pdf>. Acesso em 22 de dezembro de 2018.

[74] Cf. VEIGA, Marcelo Godke; OIOLI, Erik, **As sociedades limitadas e o mercado de capitais.** Disponível em: <https://ssrn.com/abstract=2264420 >. Acesso em 20 de dezembro de 2018.

Este exercício interpretativo, serve para demonstrar que outros títulos lastreados nas quotas podem circular, uma vez que os próprios autores fazem ressalvas quanto a participação das limitadas no mercado de capitais, como suposta listagem de quotas em bolsa, por exemplo.

Sobre as ressalvas Veiga e Oioli esclarecem que:

"Primeiramente, cumpre ressaltar que o que se defende neste trabalho não é o acesso irrestrito e incondicional das limitadas ao mercado de capitais. Com efeito, as limitadas são sociedades que podem receber muitos e muitos milhões (ou até bilhões) em aportes de capital (Isso se constata nos casos em que sociedades limitadas são utilizadas como instrumento jurídico para receber aportes de recursos em grandes grupos multinacionais e transnacionais, ou mesmo grandes grupos econômico-empresariais domésticos. Logo, não é a quantidade de recursos que seria o problema, mas o verdadeiro alijamento que se faz no que diz respeito à forma de captação de recursos), mas é necessário se reconhecer que não possuem o arcabouço jurídico-institucional para ter capital pulverizado, tendência que se iniciou e vem lentamente avançando no Brasil há alguns anos."

Ao reconhecer que não há "arcabouço jurídico-institucional para ter capital pulverizado" os autores evidenciam o fato de que, não obstante toda a construção histórica que permeia as sociedades limitadas e anônimas, os pontos de conexão criados pela própria lei entre esses tipos societários, a exemplo do parágrafo único do artigo 1.053 do Código Civil e do inciso IX do artigo 2º da Lei 6.385/1976, geram muitas discussões e certamente contribuem para uma sensação de insegurança jurídica.

Do mesmo modo que os dispositivos apontados acima, a própria Lei nº 11.638 de 28 de dezembro 2007, por meio do seu artigo 3º[75] contribui com bastante animosidade no debate jurídico a respeito da fronteira entre as sociedades limitadas e por ações, haja visto a regulação da

---

[75] Art. 3o Aplicam-se às sociedades de grande porte, ainda que não constituídas sob a forma de sociedades por ações, as disposições da Lei nº 6.404, de 15 de dezembro de 1976, sobre escrituração e elaboração de demonstrações financeiras e a obrigatoriedade de auditoria independente por auditor registrado na Comissão de Valores Mobiliários.
Parágrafo único. Considera-se de grande porte, para os fins exclusivos desta Lei, a sociedade ou conjunto de sociedades sob controle comum que tiver, no exercício social anterior, ativo total superior a R$ 240.000.000,00 (duzentos e quarenta milhões de reais) ou receita bruta anual superior a R$ 300.000.000,00 (trezentos milhões de reais).

sociedade de grande porte, que embora não seja um tipo societário, estabeleceu, em seu parágrafo único, um regime especial para sociedades que tiverem apurado, no exercício social anterior, ativo total superior a R$ 240.000.000,00 (duzentos e quarenta milhões de reais) ou receita bruta anual superior a R$ 300.000.000,00 (trezentos milhões de reais).

O objetivo desta lei, no entanto, era modernizar as práticas contábeis e adaptá-las aos padrões reconhecidos internacionalmente, portanto para compreender as normas trazidas por aquele instrumento legal, inclusive a polêmica em torno do artigo 3º, cumpre tratar das demonstrações financeiras das sociedades, que para as sociedades limitadas também são regidas por meio de conexão das regras do Código Civil com a Lei das S.A., mas de forma mais discreta e entender a motivação por trás da edição daquele regulamento.

2. O Direito das Demonstrações Financeiras das Sociedades

Um dos formuladores da Lei das Sociedades por Ações, José Luiz Bulhões Pedreira, ao tratar das demonstrações financeiras, explica que a contabilidade tem por objeto o patrimônio e a natureza dos fenômenos de uma entidade contábil[76].

A função das demonstrações financeiras é proporcionar o conhecimento das finanças da entidade, sendo a escrituração técnica indispensável para a organização e registro dos fatos complexos da entidade. Nesse sentido, exemplifica Arthur Ridolfo Neto[77]:

> "A contabilidade é como o registro na 'memória' da empresa de todos os eventos que ocorreram em determinado período. Do mesmo modo que nos valemos de nossa memória quando queremos recordar algum fato, o sistema contábil registra e apresenta fatos. Esse registro é feito de maneira sistemática, utilizando de valores monetários."

Segundo Bulhões Pedreira, após o surgimento das sociedades com a limitação da responsabilidade dos sócios, as demonstrações financeiras

---

[76] Cf. PEDREIRA, José Luiz Bulhões. **Finanças e Demonstrações Financeiras da Companhia**. Rio de Janeiro: Forense, 1989, pp. 548-550.
[77] RIDOLFO NETO, Arthur. **As Demonstrações Financeiras da Companhia**. In: FINKELSTEIN, Maria Eugênica Reis; PROENÇA, José Marcelo Martins (Coord.). **Direito Societário: sociedades anônimas**. 3ª edição (série GVlaw), São Paulo: Saraiva, 2014. p. 288.

ganharam relevância como instrumento de proteção ao crédito uma vez que a eficiência do capital social, na função de garantir os credores, pressupunha a observância de normas legais sobre elaboração e divulgação[78].

Tamanha a relevância adquirida pelas demonstrações financeiras que elas passaram a ser entendidas como atos negociais de natureza declaratória[79], isto é, uma verdadeira manifestação de vontade por parte dos sócios por ocasião da aprovação das contas da sociedade, que não pode ser entendida como mera manifestação de ciência dos sócios a respeito do papelório contábil da empresa.

Sobre este tema, Alexandre Demetrius Pereira lembra lição de Fábio Konder Comparato que diz que, em se tratando de sociedade anônima, antes da aprovação das contas as escriturações representam tão somente uma minuta das demonstrações financeiras de uma sociedade, as quais adquirem este *status* de a partir da sua aceitação pelos acionistas em assembleia geral[80].

Com relação as companhias, a Lei nº 6.404/1976 dá tratamento às demonstrações financeiras a partir do artigo 176, elencando que ao fim de cada exercício social as seguintes demonstrações financeiras deverão ser elaboradas (estando a companhia aberta vinculada a elaboração de todas elas):

"Art. 176. [...]
I – balanço patrimonial;
II – demonstração dos lucros ou prejuízos acumulados;
III – demonstração do resultado do exercício; e
IV – demonstração das origens e aplicações de recursos.
IV – demonstração dos fluxos de caixa; e
V – se companhia aberta, demonstração do valor adicionado."

As demonstrações dos incisos IV e V acima são inovações da Lei nº 11.638/2007 e as companhias fechadas não são obrigadas a elaborar a demonstração de valor adicionado. Ademais, somente serão obrigadas a elaborar as demonstrações de fluxos de caixa caso seu patrimônio líquido,

---

[78] Cf. PEDREIRA, José Luiz Bulhões op. cit. pp. 532-533
[79] Cf. PEREIRA, Alexandre Demetrius. **Auditoria das demonstrações contábeis: uma abordagem jurídica e contábil**, São Paulo, Atlas 2011. pp. 212-213
[80] Ibidem. p. 212

na data do balanço, seja superior a R$ 2.000.000,00 (dois milhões de reais), conforme reza o parágrafo 6º do artigo 176.

Quanto às publicações, o parágrafo 1º do mesmo artigo aponta que as demonstrações financeiras de cada exercício serão publicadas com a indicação dos valores correspondentes ao exercício anterior.

Pode-se considerar que essa norma também complementa as disposições do inciso I, do artigo 133 da Lei das S.A.

Referido dispositivo rege o procedimento de realização da assembleia geral ordinária, porque os administradores são obrigados a publicar anúncios aos acionistas contendo a cópia das demonstrações financeiras e se publicadas sem a indicação dos valores correspondentes, os acionistas ficam impedidos de avaliar o desempenho da sociedade, prejudicando o caráter memorial das escriturações.

No tocante às regras básicas de escrituração dos demais tipos societários, inclusive das limitadas, o Código Civil prevê, no artigo 1.179, que o empresário e a sociedade empresária são obrigados a seguir um sistema de contabilidade e a levantar anualmente o balanço patrimonial e o balanço de resultado econômico.

O artigo 1.189, também do Código Civil, prescreve que o balanço de resultado econômico, que também pode ser chamado de demonstração da conta de lucros e perdas, acompanhará o balanço patrimonial e dele constarão crédito e débito, na forma da lei especial[81]. Destaque-se que nesse artigo há uma remissão direta à aplicação de outra lei às sociedades regidas pelo Código Civil.

Pois bem, a lei especial a que o artigo 1.189 faz referência era, em princípio, o Decreto-Lei nº 2.627 de 26 de setembro 1940, especificamente o seu artigo 136, que discriminava o que deveria constar a crédito e a débito na demonstração da conta de lucros e perdas.

Esse artigo, no entanto, foi revogado pela Lei nº 6.404/1976, o que indica um aparente anacronismo. Ora, se o Código Civil é de 2002, como ele fazia referência a uma lei que foi revogada em 1976?

Explica-se. O Código Civil, embora tenha sido publicado em 2002, teve sua tramitação iniciada em meados dos anos 1970, pouco antes da

---

[81] Art. 1.189. O balanço de resultado econômico, ou demonstração da conta de lucros e perdas, acompanhará o balanço patrimonial e dele constarão crédito e débito, na forma da lei especial.

publicação da Lei das S.A., por conseguinte algumas de suas normas já nasceram defasadas[82]-[83]. Inclusive, este é o entendimento de Bragança Retto[84], para quem:

> "[...] a nova roupagem trazida pelo Código Civil às limitadas, crítica não se pode deixar de fazer; seja porque a Lei nº 10.406/2008 (cc/2002), pelo longo tempo de tramitação, já nasce desatualizada em relação a diversos dispositivos, seja porque vieram diversos institutos trazidos da antiga Lei das sociedades por Ações, muitos deles transplantados para um tipo ideal de limitada que não se compatibiliza com a grande maioria existente no país, parecendo olvidar o legislador de o sucesso das limitadas entre nós residir na extrema flexibilidade que o tipo apresentava."

Dentre os institutos desatualizados destacam-se os termos "balanço de resultado econômico" e "demonstração da conta de lucros e perdas" presentes nos artigos 1.179 e 1.189 que remetiam ao revogado artigo 136 do Decreto-Lei nº 2.627/1940.

A Lei das S.A., por seu turno, aprimorou o regime das demonstrações financeiras e substituiu balanço de resultado econômico ou demonstração da conta de lucros e perdas pela atual demonstração do resultado do exercício (DRE), nos termos do seu artigo 187.

Assim, a DRE assumiu a função apresentar o lucro ou prejuízo líquido do exercício de forma mais detalhada, por meio do cômputo das receitas e despesas descritas desde o inciso I ao VI, do artigo 187[85].

---

[82] Olhando brevemente os artigos do Código Civil que tratam das demonstrações financeiras, arts. 1.179 e seguintes, é possível perceber o quão arcaica são suas disposições, visto haver uma preocupação forte quanto aos registros em livros e "fichas mecanizadas".
[83] Para Bragança Retto, o Decreto nº 3.708, de 10 de janeiro de 1919 – que regulava as então denominadas sociedades por quotas, de responsabilidade limitada – em vigor à época do início da tramitação do atual Código Civil e do nascimento da Lei das S.A., embora contasse com apenas dezenove artigos, vinha cumprindo o papel para o qual foi editado, uma vez que passadas mais de oito décadas de sedimentação jurisprudencial e doutrinária até a entrada em vigor do Código Civil em 2003. Cf. RETTO, op. cit. p. 12.
[84] Cf. RETTO, op. cit. p. 12.
[85] Art. 187. A demonstração do resultado do exercício discriminará:
I – a receita bruta das vendas e serviços, as deduções das vendas, os abatimentos e os impostos;
II – a receita líquida das vendas e serviços, o custo das mercadorias e serviços vendidos e o lucro bruto;

Na prática atual, os negócios ocorrem em volume e diversidade cada vez maiores, o que torna a atividade de registro das receitas e despesas diárias mais complexa, porém, imprescindível para a composição e equilíbrio do balanço patrimonial – principalmente para sociedades limitadas de grande porte – porquanto a conta de patrimônio líquido abriga justamente a apuração do lucro ou prejuízo líquido do exercício.

Dito isto, a lei especial adequada para fins de aplicação do artigo 1.189 do Código Civil e, por conseguinte do artigo 1.179 é a Lei nº 6.404/1976, a qual não impede a aplicação das normas da Lei Civil para elaboração das demonstrações financeiras, caso o volume de negócios da sociedade seja irrelevante.

Assim sendo, as sociedades regidas pelo Código Civil, mormente as limitadas, estão sujeitas à elaboração das mesmas demonstrações que as sociedades por ações de capital fechado, se no escopo de suas demonstrações financeira também estiver a elaboração da demonstração do resultado do exercício.

Não só pela questão da delegação do artigo 1.189 à elaboração das demonstrações de lucros e perdas à lei especial, sobretudo por uma questão prática e de redação mais instrutiva proposta pela Lei das S.A., o que não significa dizer que haverá aplicação total dessa Lei aos demais tipos societários que noutros aspectos ainda estarão submetidos ao regime do Código Civil.

III – as despesas com as vendas, as despesas financeiras, deduzidas das receitas, as despesas gerais e administrativas, e outras despesas operacionais;
V – o resultado do exercício antes do Imposto sobre a Renda e a provisão para o imposto;
VI – as participações de debêntures, empregados, administradores e partes beneficiárias, mesmo na forma de instrumentos financeiros, e de instituições ou fundos de assistência ou previdência de empregados, que não se caracterizem como despesa;
VII – o lucro ou prejuízo líquido do exercício e o seu montante por ação do capital social.
§ 1º Na determinação do resultado do exercício serão computados:
a) as receitas e os rendimentos ganhos no período, independentemente da sua realização em moeda; e
b) os custos, despesas, encargos e perdas, pagos ou incorridos, correspondentes a essas receitas e rendimentos.
§ 2º (Revogado).

2.1. O IFRS e a Padronização Internacional das Demonstrações Financeiras

Sobre a contabilidade e demonstrações financeiras, Bulhões Pedreira[86] afirma que "Nem todos os princípios contábeis são universais, muitos são peculiares a determinado país".

Contudo, para incentivar o investimento globalizado, harmonizando as normas contábeis e os procedimentos diretamente relacionados com a preparação de demonstrações contábeis, o *International Accounting Standards Board* (IASB) deu início ao processo de criação e validação de orientações contábeis a serem assimiladas mundialmente, os denominados *International Financial Reporting Standards* (IFRS).

Tendo em vista que diversos tipos de usuários confiam nas demonstrações contábeis como principal fonte de informação financeira, de acordo com Mourad e Paraskevopoulos[87] existem duas premissas muito importantes quanto a preparação das demonstrações contábeis em IFRS.

A primeira é a de que a contabilidade serve para gravar todas as transações de uma entidade e a segunda é a de que a entidade está em funcionamento num curso normal de negócios.

Nesse sentido, o IFRS estabelece que os principais usuários das demonstrações contábeis são os investidores (institucionais e não institucionais), trabalhadores, entidades financiadoras e o governo.

O governo tem acesso privilegiado às demonstrações financeiras já que a base de informações para apuração de vários impostos tem como ponto de partida a própria elaboração das demonstrações financeiras.

Os demais possuem interesses na divulgação particular, em que pese os trabalhadores terem uma atenção estatal maior, eles são equiparados à figura do sócio no sentido de que os mais atentos estão motivados a conhecer o desempenho da pessoa jurídica empregadora, em razão da eventual participação nos seus lucros ou resultados.[88]

---

[86] Cf. PEDREIRA, José Luiz Bulhões. **Direito das Companhias**. 1ª edição, vol. 2. Rio de Janeiro: Ed. Forense, 2009, p. 548.

[87] Cf. MOURAD, Nabil Ahmad e PARASKEVOPOULOS, Alexandre. **IFRS: Introdução às normas internacionais de contabilidade**. São Paulo: Atlas, 2010. p. 7-13.

[88] Cf. FERNANDES, Edison Carlos. **Impacto da Lei nº 11.638/07 sobre os tributos e a contabilidade**, pp. 02 e 105. São Paulo: Atlas, 2009 e FERNANDES, Edison Carlos. **O Direito das demonstrações financeiras**. Disponível em: <https://apet.jusbrasil.com.br/noticias/2675182/o-direito-nas-demonstracoes-financeiras>. Acesso em 8 de maio de 2018.

Estes potenciais usuários são os denominados *stakeholders* que, de acordo com a definição de Edward Freeman, trazida por Di Miceli[89], "são quaisquer grupos ou indivíduos que afetam ou são afetados pelo alcance dos objetivos da companhia", visto que as empresas são sistemas abertos e se relacionam com diversos públicos externos.

Saliente-se que, não obstante a forma de acesso, ao demonstrar a capacidade econômica e financeira de uma pessoa jurídica, a contabilidade é valioso instrumento aos credores interessados em cobrar suas dívidas.

Sob esta lógica, Edison Carlos Fernandes[90] sintetiza que o IFRS se baseia em dois princípios que têm estreita relação com o direito: o julgamento e a prevalência da substância sobre a forma.

Por causa disso, o bem jurídico tutelado pelo direito contábil se amplia, sendo instrumento de defesa e prova de praticamente todas as relações jurídicas da empresa, motivo pelo qual, de acordo com Fernandes, seria imperioso uma reformulação da legislação brasileira a fim de evitar a incoerência entre as normas jurídicas e comerciais.

Nesse contexto, de acordo com o Professor Nelson Carvalho[91] a ideia de reformulação remonta ao ano de 1990, quando o então presidente da CVM, Ary Osvaldo Mattos Filho, pretendia revisitar a questão contábil do capítulo XV da Lei nº 6.404/76, por que era evidente que a parte contábil da lei não mais se adequava à realidade da época.

Segundo Carvalho[92], naquela época, o esboço do anteprojeto de lei tinha a pretensão de: (i) a contabilidade ser baseada muito mais em princípios do que regras; (ii) que não mais fossem necessárias publicações em jornais, quando publicados por meio virtual; (iii) tornar obrigatória a publicação de balanços, quaisquer que fossem suas formas jurídicas; e (iv) de definir o conceito de grandes sociedades.

---

[89] Cf. DI MICELI. Alexandre. **Governança Corporativa no Brasil e no Mundo**. São Paulo: 2015. p. 77.
[90] Ele traz como a exemplo garantia contratual nos contratos de *leasing*: para o registro de bens no ativo imobilizado (fixo) não é mais necessário que exista o direito de propriedade. Cf.FERNANDES. op. cit. p. 02 e 105.
[91] Cf. GRUPO DE ESTUDOS SOBRE DIREITO E CONTABILIDADE (GEDEC). **Pauta: Obrigatoriedade do IFRS para Limitadas e Sociedades por Ações Fechadas – Prof. Nelson Carvalho**. São Paulo, 26 de março de 2014. Disponível em: <https://direitosp.fgv.br/sites/direitosp.fgv.br/files/arquivos/GEDEC/03.26.2014c.ata_-_obrigatoriedade_do_ifrs_para_ltda._e_sa_fechadas_-_26mar2014.pdf>. Acesso em: 22 de novembro de 2017.
[92] Ibidem.

Por articulação dos governos estaduais, todavia, a isenção de publicação nos diários oficiais caiu antes mesmo de o anteprojeto chegar ao Congresso, já que aquela era a principal receita dos diários oficiais dos Estados, fazendo com que dependessem do orçamento público para não fecharem suas portas.

Assim, o anteprojeto foi encaminhado à Câmara dos Deputados por meio da mensagem do Poder Executivo de nº 1.657 em 07 de novembro de 2000[93], vindo a se tornar naquela casa o Projeto de Lei nº 3.741 de 2000, que deu origem à Lei nº 11.638/2007.

Em sua largada, o Projeto de Lei nº 3.741/2000 tinha o objetivo de reformar substancialmente a Lei das S.A. A proposição tinha condão, na sua generalidade, de efetuar uma ampla revisão a fim de modernizar e harmonizar as disposições da lei societária com os princípios e melhores práticas contábeis internacionais, conforme as discussões que já vinham ocorrendo no âmbito da CVM àquela época.

Sobrevinda a publicação da Lei nº 11.638/2007, Nelson Eizirik[94] retratou que o instrumento normativo não só delineou a concretização do processo de convergência na elaboração das demonstrações contábeis em função da internacionalização dos mercados de capitais, mas também passou a regular as sociedades de grande porte, em paralelo.

Por meio da definição trazida no parágrafo 1º do artigo 3º, da Lei nº 11.638/2007, as sociedades de grande porte passaram a ser compreendidas como sendo aquelas que, independentemente de seu tipo societário, tivessem apurado no exercício social anterior, ou ativo total superior a R$ 240.000.000,00 (duzentos e quarenta milhões de reais) ou receita bruta anual superior a R$ 300.000.000,00 (trezentos milhões de reais).

Nesse sentido, para as sociedades enquadradas nas condições estabelecidas pelo referido parágrafo 1º, o *caput* do artigo 3º determinou que seriam aplicadas disposições da Lei das S.A. sobre escrituração e elaboração de demonstrações financeiras e a obrigatoriedade de auditoria independente por auditor registrado na CVM.

---

[93] Cf. BRASIL. Ministério da Fazenda. **Mensagem ao Congresso Nacional nº 1.657 de 07 de novembro de 2000**. Disponível em: < http://imagem.camara.gov.br/Imagem/d/pdf/DCD-10NOV2000.pdf#page=42 >. Acesso em: 30 de outubro de 2017, pp. 42-52.
[94] Cf. EIZIRIK, Nelson. **A Lei das S/A Comentada**. Volume III – 2ª ed. São Paulo. São Paulo, Quartier Latin: 2015, p. 321.

Para entender o porquê dessa imposição legal, no capítulo seguinte se aprofundará na tramitação do Projeto de Lei, por meio da análise do contexto e de um diagnóstico do processo legislativo que visa verificar o objetivo do legislador em relação ao projeto como um todo e compreender a razão por trás da suposta obrigatoriedade da publicação das demonstrações financeiras para sociedades de grande porte.

3. O Projeto de Lei nº 3.741/2000 e a concepção da Lei nº 11.638 de 28 de dezembro de 2007[95]

Por se tratar de grande reforma, havia dispersão de assuntos no Projeto de Lei nº 3.741/2000; seu conteúdo – embora dissesse respeito à adaptação dos padrões contábeis internacionais para corrigir impropriedades e eventuais erros contidos na Lei das S.A., existentes desde sua edição em 1976 – foi alvo de conflitos entre políticos que defendiam direitos de grupos de controladores e de minoritários.

Por esse motivo, é possível admitir que o Projeto foi sendo protelado pelo Poder Legislativo por no mínimo 5 (cinco) anos, tendo ficado, inclusive, sem qualquer tramitação no ano de 2004, como pode ser observado pelos andamentos do Projeto[96].

Contudo, em janeiro de 2007, após a realização do Fórum Econômico Mundial, o Projeto de Lei nº 3.741/2000 voltou a ser discutido com mais intensidade pelos parlamentares.

---

[95] Este capítulo foi elaborado com base nos documentos presentes no próprio Projeto de Lei. Cf. BRASIL. Câmara dos Deputados. Projeto de Lei 3.741 de 08 de novembro de 2000. Altera e revoga dispositivos da Lei nº 6.404, de 15 de dezembro de 1976, define e estende às sociedades de grande porte disposições relativas à elaboração e publicação de demonstrações contábeis e dispõe sobre os requisitos de qualificação de entidades de estudo e divulgação de princípios, normas e padrões de contabilidade e auditoria como Organizações da Sociedade Civil de Interesse Público. Disponível em: < http://www.camara.gov.br/propo sicoesWeb/fichadetramitacao?idProposicao=20141>. Acesso em 30 de outubro de 2017.
[96] Ibid.

No evento, realizado em Davos na Suíça, o então Presidente da República, Luiz Inácio Lula da Silva[97], declarou em discurso que a agenda de seu governo levaria em conta o implemento de um programa de desenvolvimento objetivando a integração com a comunidade internacional, no qual um dos aspectos contemplava o encaminhamento de medidas ao Congresso Nacional para desobstrução dos marcos regulatórios.

O programa governamental proposto acompanhou as movimentações internas que já vinham ocorrendo no Banco Central do Brasil (BACEN), na CVM e na Superintendência de Seguros Privados (SUSEP), que se manifestaram pela adoção dos Padrões Internacionais de Contabilidade por parte das sociedades submetidas ao seu poder normativo-fiscalizatório, respectivamente, por meio do Comunicado nº 14.259 de 10 de março de 2006[98], da Instrução CVM nº 457 de 13 de julho de 2007[99] e da Circular SUSEP 357 de 26 de dezembro de 2007[100].

As manifestações daquelas autarquias eram no sentido de que, a partir do exercício concluído no ano de 2010, as companhias abertas sob o espectro regulatório de cada um daqueles órgãos reguladores deveriam apresentar suas demonstrações financeiras consolidadas de acordo com os padrões contábeis internacionais, nos termos dos pronunciamentos emitidos pelo IASB.

Embora aquelas normas administrativas tivessem seus efeitos vinculados ao fim do exercício de 2010, o entendimento exteriorizado pelos

---

[97] SILVA, Luiz Inácio Lula da. Discurso do Presidente da República Federativa do Brasil no Fórum Econômico Mundial. Davos, Suíça, 26 de janeiro de 2007. Versão escrita disponível em: < http://congressoemfoco.uol.com.br/noticias/leia-o-discurso-de-lula-no-forum-economico-mundial/> e versão em vídeo disponível em: <https://www.youtube.com/watch?v=RqsDMU3ASgo>. Acesso em 08 de novembro de 2017

[98] Cf. BANCO CENTTRAL DO BRASIL (BACEN). **Comunicado nº 14.259**. Disponível em: <https://www3.bcb.gov.br/normativo/detalharNormativo.do?method=detalharNormativo&N=106064950>. Acesso em: 15 de novembro de 2017.

[99] Cf. COMISSÃO DE VALORES MOBILIÁRIOS (CVM). **Instrução CVM nº 457, de 13 de julho de 2007**. Dispõe sobre a elaboração e divulgação das demonstrações financeiras consolidadas, com base no padrão contábil internacional emitido pelo International Accounting Standards Board – IASB. Disponível em: <http:// www.cvm.gov.br/export/sites /cvm/legislacao/instrucoes/anexos/400/inst457consolid.pdf>. Acesso em: 15 de novembro de 2017.

[100] Cf. SUPERINTENDÊNCIA DE SEGUROS PRIVADOS (SUSEP). **Circular SUSEP nº 357, de 26 de dezembro de 2007**. Dispõe sobre o processo de convergência às normas internacionais de contabilidade. Disponível em: < http://www2.susep.gov.br/bibliotecaweb/ docOriginal.aspx?tipo=1&codigo=23478>. Acesso em 15 de novembro de 2017.

órgãos reguladores também contribuiu para acelerar a tramitação do Projeto de Lei nº 3.741/2000 e sua consequente transformação na Lei nº 11.638/2007.

Por todo o exposto até aqui, considerando, principalmente, a tramitação do Projeto de Lei nº 3.741/2000, é conveniente analisar o processo legislativo que deu origem a Lei nº 11.638/2007, uma vez que, por meio dele, é possível compreender o contexto histórico da concepção da lei e as nuances das opiniões dos legisladores.

A análise dos trâmites parlamentares é importante para entender o sentido da norma e os objetivos por trás de sua edição, bem como para contextualizar sua concepção ao que pretendiam os legisladores.

Dessa forma, foram destacadas as principais mudanças pretendidas pelo primeiro Projeto encaminhado pelo Poder Executivo à Câmara dos Deputados, as quais traduzem os interesses preliminares com este Projeto e que serão demonstradas, pontualmente, no item a seguir[101].

3.1. Ementa e Artigo 1º

Na primeira minuta do Projeto de Lei nº 3.741/2000, encaminhada pelo Poder Executivo ao Congresso a ementa falava em publicação das demonstrações contábeis:

"Altera e revoga dispositivos da Lei nº 6.404, de 15 de dezembro de 1976, **define e estende às sociedades de grande porte disposições relativas à elaboração e *publicação* de demonstrações contábeis** e dispõe sobre os requisitos de qualificação de entidades de estudo e divulgação de princípios, normas e padrões de contabilidade e auditoria como Organizações da Sociedade Civil de Interesse Público." (destacou-se e grifou-se)

Desde então, o texto sofreu alterações relevantes, como a retirada do trecho que dizia respeito a qualificação das entidades de estudo e divulgação de princípios, normas e padrões de contabilidade e auditoria como Organizações da Sociedade Civil de Interesse Público (OSCIP) (assunto que, ao final, não foi tratado pela Lei nº 11.638/2007).

---

[101] Cf. BRASIL. Ministério da Fazenda, op. cit., pp. 42-52.

Além da substituição do termo "publicação de demonstrações contábeis" por "divulgação das demonstrações financeiras", que permaneceu na ementa quando o projeto foi transformado em lei, conforme demonstrado a seguir:

"Altera e revoga dispositivos da Lei no 6.404, de 15 de dezembro de 1976, e da Lei no 6.385, de 7 de dezembro de 1976, e **estende às sociedades de grande porte disposições relativas à elaboração e *divulgação* de demonstrações financeiras.**" (destacou-se e grifou-se)

Por seu turno, o artigo primeiro sugeria várias alterações nos dispositivos da Lei das S.A. sobre demonstrações financeiras dentre as quais, extraiu-se as principais proposições para entender o contexto e o que dizem as entrelinhas do projeto, conforme descritas nos subitens a seguir.

3.1.1. *Artigo 176*

A sugestão de alteração retirava a palavra "Companhia" do *caput* do artigo, o que, em princípio, ampliaria o âmbito de aplicação da lei às demais sociedades.

A redação então proposta determinava que, inclusive, as sociedades fechadas deveriam elaborar a demonstração do valor adicionado e que deveriam detalhar mais as notas explicativas para incluir informações de natureza social, de produtividade, sobre segmentos dos negócios, itens extraordinários e operações descontinuadas.

Na Lei das S.A. em vigor, modificada pela redação atual da Lei nº 11.638/07, isso é exceção à regra, uma vez que o artigo 176 determina que a demonstração do valor adicionado é obrigatória apenas para as companhias abertas.

3.1.2. *Artigo 177*

No projeto, o parágrafo 1º deste dispositivo proibia a modificação da escrituração, podendo as sociedades terem registros auxiliares de acordo com a lei tributária ou específica.

As sociedades poderiam adotar a legislação especial ou tributária para as demonstrações contábeis, desde que contivessem lançamentos complementares de acordo com a lei societária e as demonstrações fossem examinadas por auditores independentes da CVM, que ainda poderia determinar a ampliação dos trabalhos dos auditores para as companhias abertas.

Em resumo, tratava-se da adoção de "duas contabilidades", conforme explica Edison Carlos Fernandes[102].

3.1.3. Artigo 183

A alteração deste dispositivo visava dividir a avaliação dos ativos das sociedades relativos às aplicações financeiras em custo de aquisição e valor líquido de realização. Se os ativos fossem classificados no realizável a longo prazo, eles deveriam ser ajustados pelas perdas consideradas prováveis.

Na forma vigente, a redação desse artigo na Lei das S.A. está dividida em dois gêneros de aplicações financeiras: disponíveis e não disponíveis; bem como é determinada a aplicação de "valor justo" para as avaliações.

Ademais, o parágrafo 1º do artigo 183 determinava o ajuste a valor presente, contudo, sobreveio a Lei nº 11.941 de 27 de maio de 2009 e desconsiderou essa fórmula, definindo os requisitos de apuração do "valor justo" a partir dos tipos de ativos a serem avaliados.

3.1.4. Artigo 184

Já o artigo 184, tratava dos critérios de avaliação do passivo das sociedades, onde também havia determinação de ajuste a valor presente, porém, atualmente, na Lei das S.A. existe regra de avaliação com atualização até a data do balanço, com exceção das obrigações do passivo não circulante, estas sim devendo ser ajustadas à valor presente e as demais serem ajustadas quando houvesse efeito relevante.

3.1.5. Seção IV (Artigos 186 e 187)

A ideia da modificação destes artigos era dar nova nomenclatura à demonstração de lucros e prejuízos acumulados, que passaria a se chamar "demonstrações de patrimônio líquido" e incorporaria a demonstração dos resultados do exercício (DRE), além de impor um rol taxativo de requisitos mínimos para a sua elaboração.

---

[102] Op. cit. pp. 15-24.

Na vigente Lei nº 6.404/1976 o rol tornou-se exemplificativo, onde se exige apenas um mínimo de informações necessárias para a elaboração da demonstração de lucros e prejuízos acumulados.

3.1.6. Artigo 188, Inciso I

Esta norma tratava dos fluxos das operações da sociedade, a qual deixava de enumerar a segregação dos fluxos, o que fazia presumir que todos eles deveriam ser segredados, ao passo que a Lei nº 11.638/2007, ao modificar a Lei das S.A., determinou que houvesse a segregação de, no mínimo, três fluxos de operações[103].

3.1.7. Artigo 196, Parágrafo 1º

Sugeria a revisão anual do orçamento de capital, enquanto a Lei nº 6.404/1976 prevê que o orçamento de capital poderá ter duração de até 5 (cinco) exercícios.

3.1.8. Artigo 199

Ao tratar do limite das reservas de lucros, a sugestão de modificação deste artigo previa que somente a reserva de lucros a realizar poderia ultrapassar o valor do capital social, no entanto, ao final, a Lei nº 11.638/2007 acabou sendo mais flexível e incluiu, na Lei das S.A., as reservas de contingências e as de incentivos fiscais naquele saldo.

3.1.9. Artigo 202, Inciso I

O inciso I do artigo 202 dizia que a metade do lucro líquido do exercício deveria ser distribuída obrigatoriamente, diminuída das importâncias destinadas a reserva legal e da reserva de incentivos fiscais, quando a distribuição destes valores implicasse em perda do benefício, de acordo com a legislação tributária. Para as companhias abertas a regulação dessa matéria ficaria a cargo da CVM.

Uma das alterações da Lei das S.A. no entanto, trazida pela Lei nº 10.303 de 31 de outubro de 2001, mais uma vez se mostrou mais flexível em relação a alteração ora proposta, pois determinou que a dis-

---

[103] Dada a complexidade e dinamismo dos negócios, como já foi aventado no segundo capítulo desse estudo.

tribuição fosse feita diminuída ou acrescida da importância destinada a reserva legal e à reserva de contingências, tornando-a mais democrática, uma vez que nem todas as sociedades recebem incentivos fiscais.

3.1.10. Artigo 226, Parágrafo 3º

A proposição de alteração deste dispositivo sugeria a utilização do valor de mercado para contabilizar as operações realizadas entre partes independentes. A Lei das S.A., na forma em que vigora, não determina mais a adoção desse parâmetro, dispondo apenas que a CVM os regulamentará no que tange às companhias abertas.

3.1.11. Artigo 243

A alteração sugerida para o artigo 243, numa tentativa sutil de propor a definição de controle, que é ausente na Lei das S.A., trazia o conceito de "influência significativa" que tratava do poder de participar nas decisões sobre as políticas financeiras e operacionais da investida, presumindo-se a sua existência quando a investidora participasse direta ou indiretamente, com 20% ou mais do capital votante; e o conceito de "controladas em conjunto" que não foi incorporado pela Lei nº 6.404/1976.

3.1.12. Artigo 249

A alteração proposta para o artigo 249 determinava que as demonstrações contábeis de qualquer investimento (aqui entendido como sociedades investidas) de companhia aberta fossem elaboradas e divulgadas juntamente com suas demonstrações contábeis nas demonstrações consolidadas.

Ao passo que a Lei das S.A. vigente determina que isso seja feito se a Companhia tiver mais de 30% do valor do seu patrimônio líquido representado por investimentos em sociedades controladas.

3.2. Intenções do Projeto

De acordo com o Comunicado ao Mercado, em relação ao Projeto de Lei nº 3.741/2000[104], feito pela CVM em 14 de janeiro de 2008, sua

---

[104] Cf. COMISSÃO DE VALORES MOBILIÁRIOS (CVM). **Comunicado ao Mercado de 14 de janeiro de 2008.** Disponível em: < http://www.cvm.gov.br/export/sites/cvm/noticias/anexos/2008/20080114_press_1.pdf>. Acesso em: 15 de abril de 2018.

finalidade maior era eliminar "(...) barreiras regulatórias que impediam a inserção total das companhias abertas no processo de convergência contábil internacional, além de aumentar o grau de transparência das demonstrações financeiras em geral", inclusive das sociedades de grande porte, não constituídas sob a forma de sociedades por ações.

Como visto anteriormente, as modificações propostas davam mais abrangência ao alcance da lei, traziam novos conceitos, mais detalhes e determinavam novos requisitos aos institutos já existentes.

Tais como a tentativa de se definir o controle societário, a proibição da modificação da forma adotada para escrituração, a vinculação da distribuição de lucros à reserva de incentivos fiscais (sendo que nem todas as sociedades gozam desses benefícios), a modificação que traria mais rigor à elaboração da DRE, além da fixação de novos índices de avalição, que restringiriam a liberdade negocial dos atores societários.

Nesse contexto, antes mesmo de se chegar ao artigo que obrigava as sociedades de grande porte a publicarem suas demonstrações financeiras, já podia ser encontrada determinação similar no artigo 249, no qual as demonstrações financeiras de toda e qualquer sociedade em cujo capital participasse uma companhia aberta, deveria ser divulgada juntamente com as demonstrações consolidadas daquela. De modo que, por exemplo, se o seu objeto social fosse somente participação em outras sociedades a companhia teria que divulgar as demonstrações financeiras de todas as suas investidas.

Em resumo, embora a motivação apresentada pelo projeto fosse a modernização da lei societária e adequação aos padrões internacionais, na essência ele determinava maior controle do regulador sobre a autonomia privada, impondo limitações e normas capazes de engessar a atividade empresarial, sob o argumento da adesão as melhores práticas contábeis reconhecidas internacionalmente[105].

---

[105] O restante das alterações sugeridas, artigos 4º e 5º, apenas tratavam, respectivamente, dos requisitos para que entidades sem fins lucrativos cujo objeto social fosse o estudo e a divulgação de princípios contábeis e de normas transitórias que refletissem as alterações da Lei das S.A. consubstanciada no artigo 1º.

3.3. Obrigatoriedade de Publicação das Demonstrações Financeiras para Sociedades Limitadas de Grande Porte no Projeto de Lei nº 3.741/2000

De acordo com o anteprojeto encaminhado ao Congresso Nacional pela Mensagem nº 1.657 de 07 de novembro de 2000[106], a obrigatoriedade estabelecida no artigo 2º seria aplicada às sociedades de grande porte, mesmo que não constituídas sob a forma de sociedades por ações.

A norma tratava das disposições relativas a elaboração e publicação das demonstrações contábeis, inclusive das demonstrações consolidadas, bem como da obrigatoriedade de auditoria independente, previstas na Lei nº 6.404/1976 para as sociedades anônimas de capital aberto.

O parágrafo 1º estabelecia que eram consideradas de grande porte a sociedade ou as sociedades que fizessem parte de um grupo ou estivessem sob controle comum, cujo ativo no exercício anterior fosse avaliado em R$ 120.000.000,00 (cento e vinte milhões de reais) ou sua receita bruta anual estivesse em valor acima de R$ 150.000.000,00 (cento e cinquenta milhões de reais).

O parágrafo 2º, por sua vez, complementando o disposto no *caput*, já fazia menção as publicações feitas em jornal de grande circulação, determinando que elas fossem arquivadas no registro de comércio.

Por fim, o artigo 3º determinava que as sociedades de grande porte estariam sujeitas, ao poder regulamentar e disciplinar da CVM, aplicando-se no que coubesse a legislação do mercado de valores mobiliários.

O que pode se observar dessa norma é que ela estava em consonância com o primeiro artigo do projeto.

De igual modo, tinha o objetivo de aumentar o poder do regulador, posto que as sociedades de grande porte estariam vinculadas ao poder disciplinar e regulamentar da CVM, inclusive pela determinação de auditoria. Além do que, determinou-se que suas demonstrações financeiras deveriam ser divulgadas, sob o argumento de trazer transparência às grandes empresas.

No próximo item, segue uma análise da tramitação do Projeto de Lei nº 3.741/2000, que trata exclusivamente do tema da obrigatoriedade das publicações das demonstrações financeiras para sociedades não constituídas sob a forma de sociedades por ações, a qual foi subdividida pelas

---

[106] Cf. BRASIL. Ministério da Fazenda. op. cit., pp. 42-52.

comissões que discutiram o assunto no âmbito do Congresso Nacional, até o momento da publicação da Lei nº 11.638/07.

Ao final, se conclui a respeito do objetivo do legislador com relação à obrigatoriedade das publicações por sociedades não anônimas de grande porte, respondendo ao seguinte questionamento: a lei foi redigida de acordo com a vontade do legislador?

3.3.1. *Comissão de Economia, Indústria, Comércio e Turismo (CEIC)*

O relatório final adotado pela Comissão de Economia, Indústria, Comércio e Turismo (CEIC) diminuiu o projeto encaminhado pelo Poder Executivo, modificando a versão apresentada pelo relator da Comissão.

Na ocasião, o denominado projeto substitutivo que acompanhou o relatório final praticamente adquiriu o formato atual da Lei nº 11.638/2007, com feições mais flexíveis do que as outrora sugeridas pelo Executivo no projeto de 2000[107].

Dessa forma, os deputados membros da CEIC optaram por preservar em grande parte a redação original do texto de 1976 da Lei das S.A. e excluir outras propostas de alterações de artigos que constavam no texto do projeto original, como, por exemplo, os artigos que tratavam das partes beneficiárias[108].

Entretanto, o artigo 3º do substitutivo tinha em sua redação a previsão de que somente as sociedades de grande porte que tivessem por objeto a produção de bens e serviços, ainda que não constituídas sob a forma de sociedades por ações, estariam sujeitas às disposições da Lei nº 6.404/1976 sobre escrituração e divulgação das demonstrações financeiras – inclusive as consolidadas – pela *internet*, bem como a obrigatoriedade de auditoria independente e ao cumprimento das normas da CVM.

Naquele momento, a palavra divulgação acabou sendo retirada do *caput* do artigo, o que a princípio parecia ser falha do legislador integrante da CEIC.

---

[107] Cf. Brasil. Congresso Nacional. Câmara dos Deputados. **Dossiê digitalizado do Projeto de Lei 3.741 de 08 de novembro de 2000**. Disponível:< http://www.camara.gov.br/proposicoesWeb/prop_mostrarintegra?codteor=1118734&filename=Dossie+-PL+3741/2000>. Acesso em: 30 de outubro de 2017, pp. 95-114.

[108] Ibidem, pp. 115-123.

Não obstante essa supressão, a regra que trata da divulgação foi transportada para o parágrafo 2º do dispositivo, cujo mandamento determinaria que as demonstrações financeiras deveriam ser divulgadas pela rede mundial de computadores[109].

Tal mudança se explica pelo entendimento do Relator do Projeto na CEIC, o então Deputado Federal Emerson Kapaz. De acordo com seu voto, as normas do projeto substitutivo deveriam ser implementadas de forma gradativa, sem muito impacto para as sociedades de capital fechado, dado que a divulgação das demonstrações financeiras pela *internet* não envolveria muitos custos ou trâmites burocráticos[110].

A intenção de se realizar a mudança nas regras de publicação de forma gradativa, é demonstrada pela modificação do regime de publicações em diários oficiais, presente nos artigos 289 e 294[111] do Projeto encaminhado pelo Executivo.

---

[109] Art. 2º As disposições relativas à elaboração de demonstrações contábeis, inclusive demonstrações consolidadas, previstas na lei das sociedades por ações, relativamente às companhias abertas, aplicam-se também às sociedades de grande porte, mesmo quando não constituídas sob a forma de sociedades por ações.
(...)
§ 2º As publicações ordenadas neste artigo deverão ser divulgadas pela rede mundial de computadores.

[110] Cf. BRASIL. Congresso Nacional. Câmara dos Deputados. op. cit., disponível:< http://www.camara.gov.br/proposicoesWeb/prop_mostrarintegra?codteor=1118734&filename=Dossie+-PL+3741/2000>. Acesso em: 30 de outubro de 2017, pp. 66-87.

[111] Art. 294. A companhia fechada que tiver menos de vinte acionistas, com patrimônio líquido inferior a R$ 1.000.000,00 (um milhão de reais), poderá:
I – convocar assembléia-geral por anúncio entregue a todos os acionistas, contra-recibo, com a antecedência prevista no artigo 124; e
II – deixar de publicar os documentos de que trata o artigo 133, desde que sejam, por cópias autenticadas, arquivados no registro de comércio juntamente com a ata da assembléia que sobre eles deliberar.
§1º A companhia deverá guardar os recibos de entrega dos anúncios de convocação e arquivar no registro de comércio, juntamente com a ata da assembléia, cópia autenticada dos mesmos.
§2º Nas companhias de que trata este artigo, o pagamento da participação dos administradores poderá ser feito sem observância do disposto no § 2º do artigo 152, desde que aprovada pela unanimidade dos acionistas.
§3º O disposto neste artigo não se aplica à companhia controladora de grupo de sociedade, ou a ela filiadas.

É que a primeira minuta determinava também a publicação no Diário Oficial da União, contudo, essa proposição caiu pela desnecessidade prática e de custo, uma vez que a publicação nacional só faria sentido para as sociedades que fossem registradas nos extintos territórios[112].

Por esse motivo é que somente foram mantidas como regras gerais as publicações nos diários oficiais dos estados e do Distrito Federal e em jornal de grande circulação, cuja forma de publicação deste até chegou a ser mais flexibilizada, porque o jornal não precisaria ser editado na localidade em que estivesse situada a sede da sociedade, o que também representaria uma considerável redução de custos, especialmente para as companhias abertas obrigadas a realizar publicações em mais de um jornal de grande circulação.

No entanto, com relação às publicações, o maior passo dado no âmbito da apresentação do projeto substitutivo foi a sugestão de divulgação pela rede mundial de computadores das demonstrações financeiras das sociedades de grande porte.

A elaboração seria a mesma aplicável às companhias abertas, em razão de sua importância no cenário econômico e social e também porque a falta de informações por parte dessas empresas representava, muitas vezes, um obstáculo à expansão e à melhoria da qualidade de informações pelas companhias abertas, constituindo fator de inibição ao processo de abertura de capital das empresas.

Entretanto, questiona-se: por que somente as sociedades que cumprissem os requisitos descritos no parágrafo 2º do Projeto teriam que realizar a divulgação das suas informações pela *internet*?

Na hipótese, além de utilizar o jornal de grande circulação e o diário oficial como os veículos de regra geral para as publicações, aquelas sociedades também teriam que realizá-las pela *internet*, já que não havia nenhuma norma nas minutas dizendo que a realização de uma suprimiria a outra, portanto as publicações deveriam ser feitas não só em meio físico mas também em eletrônico.

Ocorre que o artigo 289 da Lei das S.A. prevê que as publicações devem ser realizadas em diários oficiais dos estados ou Distrito Federal ou

---

[112] Que eram vinculados a União, nos termos do artigo 18, parágrafos 2º e 3º e do artigo 33, parágrafos 1º ao 3º, da Constituição Federal.

no Diário Oficial da União, isto é, ele fornece alternativas para que as sociedades possam fazer suas publicações.

Contudo, a CEIC pretendia retirar o a disposição sobre o Diário Oficial da União visto que, de acordo com motivos já expostos anteriormente, entendeu que era desnecessária, porém propôs incluir um ônus a mais para as sociedades de grande porte que foi a determinação de publicação também pela *internet*, em detrimento de propor isto como uma alternativa às opções já existentes.

3.3.2. *Comissão de Finanças e Tributação (CFT)*

A apreciação do Projeto de Lei nº 3.741/2000 pela CEIC foi concluída em 11 de dezembro de 2002, ocasião em que o substitutivo adotado por aquela Comissão foi encaminhado à Comissão de Finanças e Tributação (CFT), a fim de avaliar não só o mérito do Projeto, mas também se a proposição causaria impacto orçamentário[113].

No primeiro Parecer apresentado pela CFT[114] foi mantido o argumento da CEIC de que a divulgação das demonstrações financeiras das sociedades de grande porte significaria um grande passo para o aumento da transparência na economia brasileira, devido a sua importância na geração de empregos e renda, justificando a apresentação de seu estado de saúde financeira à sociedade.

Além disso, a ocultação da situação financeira daquelas sociedades obstaria a abertura de capital das empresas, pois sociedades de um mesmo setor e de diferentes tipos societários incorreriam em custos diferentes, restringindo a competitividade e prejudicando o mercado de capitais.

Importante informar que antes da elaboração do primeiro parecer da CFT foram feitas 33 emendas ao projeto encaminhado pela CEIC[115], das quais, 6 tinham o sentido de impedir a divulgação das demonstrações financeiras por sociedades não constituídas sob a forma de sociedades por ações. Nem uma delas, contudo, foi acolhida pelo relator.

---

[113] Cf. BRASIL. Congresso Nacional. Câmara dos Deputados. op. cit., disponível: < http://www.camara.gov.br/proposicoesWeb/prop_mostrarintegra?codteor=1118734&filename=Dossie+-PL+3741/2000>. Acesso em: 30 de outubro de 2017, pp. 115-123.
[114] Ibidem, pp. 188-215.
[115] Ibid, pp. 125-180.

As emendas do então Deputado Federal Miguel de Souza[116], criticavam a exigência de publicação de demonstrações contábeis de sociedades de capital fechado, pois estariam em total desacordo com a estrutura da legislação societária pátria.

Nesse sentido, ele solicitou a supressão dos artigos 3º e 4º do Substitutivo apresentado pela CEIC, os quais, respectivamente, traziam os critérios de definição de sociedades de grande porte com objeto de produção de bens e serviços; e a aplicação de multa no valor de R$ 500.000,00 (quinhentos mil reais) às sociedades que desobedecessem às regras de escrituração e divulgação das demonstrações financeiras.

Seu argumento era de que a divulgação daquelas informações favoreceria a submissão da economia brasileira aos interesses das agências de *rating* e dos grandes fundos de investimento, aumentando as despesas das sociedades e, por conseguinte, o denominado "Custo Brasil"[117], em detrimento da competitividade empresarial.

O deputado defendeu ainda que os negócios de uma limitada interessariam exclusivamente aos seus quotistas que, reunidos em função do *affectio societatis*, entenderiam que a prestação de contas entre si era suficiente para o bom andamento do negócio.

Ademais criticou o tratamento homogêneo entre sociedades abertas e suas coligadas, trazido pelos parágrafos 3º, 4º e 5º do artigo 177 do projeto, para efeito das normas editadas pela CVM, sobretudo no que se refere a divulgação das informações financeiras.

Ainda conforme seu ponto de vista, os terceiros que tivessem interesse direto, como o Fisco e os credores, teriam, na medida do necessário, o devido acesso às contas e aos resultados de uma empresa assim constituída.

Portanto, para Souza, a obrigatoriedade da publicação das demonstrações financeiras para sociedades de grande porte não teria qualquer apelo ao interesse público, mas, ao particular dos que quisessem avaliar o desempenho da economia e das sociedades sob a ótica especulativa, já que tal obrigatoriedade só se justificaria no âmbito das companhias com ações negociadas no mercado de capitais, como medida de proteção aos acionistas minoritários.

---

[116] Ibidem, pp. 150-166.

[117] O Custo Brasil é o custo de transação associado a esse país, o que inclui toda a carga tributária e burocrática, além dos próprios aspectos negociais para investimento.

Outra emenda importante é a do então Deputado Mussa Demes[118], que sugeria alteração na redação do artigo 289, o termo "veiculadas" deveria ser substituído pelo termo "feitas", com relação às publicações ordenadas pela Lei nº 6.404/76, em razão da existência de novas formas de divulgação das informações.

O motivo da importância desta emenda é que ela deu início a uma série de discussões a respeito do artigo 289 da Lei das S.A., as quais, embora pequenas e menos detalhadas, vieram a influenciar na redação final da Lei nº 11.638/2007, mesmo com esta sequer tratando daquele artigo e tampouco sua redação, vigente até hoje, tenha sido alterada.

Nesse contexto, cabe trazer a redação proposta para o artigo 289 da Lei das S.A.[119], do Parecer do relator de 29 de março de 2007:

> "Art. 289 – As publicações ordenadas pela presente Lei serão feitas em jornal de grande circulação no Estado em que for situada a sede da Companhia.
>
> §1º – A Comissão de Valores Mobiliários poderá:
>
> I – determinar que as publicações ordenadas por esta Lei sejam feitas, também, em jornal de grande circulação nas localidades em que os valores mobiliários da companhia sejam negociados em bolsa ou em mercado de balcão; e,
>
> II – dispensar que as publicações ordenadas por esta Lei, bem como aquelas a que se refere o inciso I, sejam feitas em jornal, desde que assegurada sua divulgação por outro meio que assegure sua ampla divulgação, o imediato acesso às informações e a sua consulta posterior, ressalvada a hipótese do §2º deste artigo.
>
> **§2º As demonstrações financeiras das companhias serão necessariamente publicadas na forma do caput, podendo, essa publicação ser feita de forma condensada, desde que sua versão completa seja:**
>
> **I – enviada aos órgãos oficiais de controle e fiscalização cabíveis;**
>
> **II – arquivada no registro de comércio; e**
>
> **III – divulgada pela rede mundial de computadores, com a devida certificação digital, indicando-se, na publicação condensada, o endereço eletrônico em que estarão disponíveis.**

---

[118] Cf. BRASIL. Congresso Nacional. Câmara dos Deputados. op. cit., disponível: <http://www.camara.gov.br/proposicoesWeb/prop_mostrarintegra?codteor=1118734&filename=Dossie+-PL+3741/2000>. Acesso em: 30 de outubro de 2017, p. 132.

[119] Ibid, p. 214.

§3º As publicações das demonstrações contábeis poderão ser feitas adotando-se como expressão monetária o "milhar de reais" (destacou-se)

E a redação, no mesmo parecer, do artigo 3º do anteprojeto que viria a se tornar a Lei nº 11.638/2007:

"Art. 3º Aplicam-se às sociedades de grande porte, ainda que não constituídas sob a forma de sociedades por ações, as disposições da Lei nº 6.404/76 sobre escrituração e elaboração de demonstrações financeiras, e a obrigatoriedade de auditoria independente, por auditor registrado na Comissão de Valores Mobiliários, bem como os §§ 2º e 3º do art. 289 daquela Lei.
Parágrafo único. Considera-se de grande porte, para os fins exclusivos desta Lei, a sociedade ou conjunto de sociedades sob controle comum que tiverem, no exercício social anterior ativo total superior a R$ 240 milhões ou receita bruta anual superior a R$ 300 milhões" (destacou-se)

Da maneira com que escrita a redação dos artigos, está suprimida a necessidade de publicação das demonstrações financeiras na imprensa oficial para sociedades de grande porte. O objetivo era reduzir os gastos, uma vez que o expressivo aumento de informações complementares, tais como as notas explicativas e quadro suplementares[120] já tornavam a elaboração das demonstrações financeiras mais custosa.

Porém, a partir disso, houve um movimento na CFT para que esta necessidade não fosse retirada, uma vez que nada menos do que todas as 12 emendas apresentadas ao parecer da CFT, de 8 de maio de 2007, tratavam da divulgação das informações financeiras, seja a respeito do artigo 289 da Lei das S.A. ou dos artigos 3º e 4º do que viria a se tornar a Lei nº 11.638/2007[121].

---

[120] Cf. COMISSÃO DE VALORES MOBILIÁRIOS (CVM). op. cit., disponível em: <http://www.cvm.gov.br/export/sites/cvm/noticias/anexos/2008/20080114_press_1.pdf>. Acesso em: 15 de abril de 2018.
[121] Na mesma oportunidadetambém foi proposta redução dos valores originais constantes do parecer substitutivo do relator, de R$ 240.000.000,00 (duzentos e quarenta milhões de reais) para R$ 170.000.000,00 (cento e setenta milhões de reais) em relação aos ativos totais; e de R$ 300.000.000,00 (trezentos milhões de reais) para R$ 200.000.000,00 (duzentos milhões de reais) relativos ao montante de faturamento para caracterização desta categoria de pessoa jurídica. Para propor essa redução, o então de Deputado Vignatti usou como argumento o *ranking* "Melhores e Maiores – As 500 Maiores Empresas do Brasil" publicado

Diante desse cenário, em parecer às emendas apresentadas, de 08 de maio de 2007, o relator, Deputado Armando Monteiro, chegou a afirmar que a supressão daria fim à presunção de legalidade e veracidade das publicações, que só seria alcançada por meio da veiculação em órgãos oficiais, tendo o uso de jornais de grande circulação caráter complementar a fim dar maior transparência e alcance dos atos junto à sociedade e ao mercado.

Argumentou ainda que não haveriam outros meios que assegurassem a ampla divulgação passíveis de registro físico e que oferecessem a necessária segurança jurídica. Porque, segundo o deputado, a *internet* ainda não estaria suficientemente conhecida e testada a ponto de garantir a documentação legal e a oficialidade dos atos societários[122], estando sujeita à interferência de *hackers*, de crimes digitais e outras vulnerabilidades que poderiam comprometer a soberania nacional, dada a impossibilidade de se estabelecer territorialidade na rede[123].

Nesse sentido, buscando conciliar os interesses em discussão, o relator sugeriu em novo parecer, de 30 de maio de 2007, que as publicações das companhias poderiam ser feitas de modo condensado nos veículos oficiais e jornais de grande circulação, desde que a versão completa fosse divulgada pela rede mundial de computadores, conforme a minuta do artigo 289[124]:

"Art. 289. As publicações ordenadas pela presente Lei serão feitas:
I – em jornal de grande circulação editado na localidade em que está situada a sede da Companhia, e;

---

pela Revista Exame em julho de 2006. Segundo ele, tal proposição se justificaria na medida em que várias das sociedades listadas pela revista, cuja repercussão e respeitabilidade era reconhecida no mercado editorial econômico, possuíam, em ativos totais, montantes substancialmente inferiores aos R$ 240.000.000,00, a fim de assegurar a aplicação das regras de escrituração e publicidade às sociedades e grupos societários de maior relevância econômico-social. Cf. BRASIL. Congresso Nacional. Câmara dos Deputados. op. cit., disponível: <http://www.camara.gov.br/proposicoesWeb/prop_mostrarintegra?codteor=1118734&filename=Dossie+-PL+3741/2000>. Acesso em: 30 de outubro de 2017, pp. 224-226.

[122] No ano de 2007, o relator acreditava ainda que a *internet* "não estaria suficientemente conhecida e testada a ponto de garantir a documentação legal e a oficialidade dos atos societários" e também demonstrou preocupação com a centralização das conexões da rede mundial de computadores nos Estados Unidos da América. Cf. Ibidem. pp. 251-264.

[123] Ibid. pp. 251-264.

[124] Ibidem. p. 271.

II – no Diário Oficial da União.

§1º A critério exclusivo da Companhia, as publicações mencionadas no inciso II do caput poderão ser feitas de forma optativa no Diário Oficial do Estado ou do Distrito Federal em que for situada a sua sede, ficando dispensada a publicação no Diário Oficial da União;

§2º A Comissão de Valores Mobiliários poderá determinar que as publicações ordenadas por esta Lei sejam feitas, também, em jornal de grande circulação nas localidades em que os valores

§3º A publicação das demonstrações financeiras das Companhias, mencionadas nos incisos I e II do caput, no §1º e no §2º, poderão ser feitas de forma condensada desde que sua versão completa seja divulgada pela rede mundial de computadores, com a devida certificação digital, indicando-se o endereço eletrônico em que estarão disponíveis.

§4º As publicações das demonstrações contábeis poderão ser feitas adotando-se como expressão monetária o «milhar de reais" (destacou-se).

De igual modo[125], o relator também propôs a vinculação do artigo 3º da Lei nº 11.638/2007 aos parágrafos 3º e 4º do artigo 289:

"Art. 3º Aplicam-se às sociedades de grande porte, ainda que não constituídas sob a forma de sociedades por ações, as disposições da Lei 6.404/76 **sobre a escrituração e elaboração de demonstrações financeiras**, e a obrigatoriedade de auditoria independente, por auditor registrado na Comissão de Valores Mobiliários, **bem como os §§3º e 4º do art. 289 daquela lei**. Parágrafo único. Considera-se de grande porte, para os fins exclusivos desta Lei, a sociedade ou conjunto de sociedades sob controle comum que tiverem, no exercício social anterior, ativo total superior a R$ 240 milhões ou receita bruta anual superior a R$ 300 milhões." (destacou-se).

Contudo, ainda na data de 30 de maio de 2007, antes de o Projeto ser encaminhado à Comissão de Constituição e Justiça (CCJ), o relator reformulou seu voto em razão do Deputado Arnaldo Madeira ter apresentado um Destaque (DTQ 01) para votar em separado emenda de sua

---

[125] Ibid. p. 272.

autoria que objetivava suprimir a redação do artigo 289, no sentido de manter a redação original da Lei nº 6.404/1976[126].

Na sua emenda, em contrapartida aos pareceres do relator, o Deputado Arnaldo Madeira não tratava a realização de publicações nos diários oficiais dos estados como uma questão opcional, já que a publicação realizada obrigatoriamente por meio da imprensa oficial estadual preservaria a capacidade dos estados de se organizarem no âmbito de sua jurisdição, sem que a União se apropriasse dessa prerrogativa, preservando também o regime federativo[127].

Além disso, reforçava que a necessidade de garantir a publicidade e a presunção de conhecimento dos atos só era atingida por meio da publicação oficial.

Assim, ao contrário do entendimento do relator Armando Monteiro, o DTQ 01 foi aprovado em nova votação pela maioria da comissão, ficando suprimidos do parecer substitutivo do relator a sugestão de alteração do artigo 289 da Lei das S.A. e a expressão "bem como os §§3º e 4º do artigo 289 daquela Lei" que constava na minuta do artigo 3º do anteprojeto que acompanhava o parecer[128]. O que acabou retirando do corpo normativo, do que veio a se tornar Lei nº 11.638/2007, a previsão de divulgação, constando apenas na ementa.

3.3.3. *Comissão de Constituição e Justiça (CCJ) e Edição da Lei nº 11.638/2007.*

Os membros da CCJ, incumbidos da análise de constitucionalidade, juridicidade e técnica legislativa do Projeto de Lei, aprovaram o Projeto de forma unânime, com as emendas realizadas pela CFT. Concluíram, pois, que não havia colisão com direitos e garantias individuais e nem com o princípio da livre iniciativa.

Contudo, o Relator, Deputado Carlos Willian[129], se valeu apenas de argumentos econômico-financeiros para realizar uma análise que é essencialmente jurídica.

---

[126] Ibidem. pp. 252 e 274.
[127] Ibidem. pp. 216-220.
[128] Ibid. pp. 274-284.
[129] Ibid. pp. 343-346.

Em suas palavras, um dos riscos que mais impedem os investimentos empresariais é o da desinformação. Sob essa premissa, para concluir que o Projeto era constitucional, o Relator utilizou a Teoria das Finanças[130] para afirmar que os investidores e a sociedade em geral teriam mais segurança, qualidade e transparência.

Logo melhorar a informação sobre desempenho empresarial, reduziria o custo de capital, geraria expansão e fomentaria a criação de novas empresas e, por consequência, emprego e renda. Razão pela qual também se justificaria a aplicação das regras de sociedades de capital aberto às fechadas, mesmo não constituídas sob a forma de sociedade por ações.

Contudo, a CCJ não é o espaço ideal para discutir o mérito financeiro, mas tão somente os pressupostos constitucionais e de técnica legislativa do projeto que estiver em debate, conforme inclusive explica o próprio deputado Carlos Willian[131].

Mesmo porque o relator declara que a matéria não colide com nenhum princípio ou garantia, mas não faz a análise de adequação aos institutos jurídicos consolidados pelo ordenamento, ao passo que analisa o impacto no cenário econômico que, no caso, caberia à outra comissão (CFT).

Portanto, pode se concluir que a previsão da publicação não está no artigo porque assim quis o legislador, mas por falta de atenção à redação do texto final do Projeto e, por conseguinte de falta de técnica legislativa (um dos aspectos que a Comissão de Constituição e Justiça tem a incumbência de analisar, antes de encaminhar o Projeto para votação).

Ora, se no âmbito da CFT houve votação em destaque que aprovou a emenda que tinha a intenção de reforçar a utilização dos diários oficiais dos estados para a realização de publicações das demonstrações financeiras, a retirada da norma que viria a tratar da divulgação das demonstrações financeiras, por meio da supressão da expressão "bem como

---

[130] Aqui entendido no sentido de finanças corporativas, que é o estudo do relacionamento entre as decisões de negócios e o valor da ação da empresa. Cf. ROSS. Stephen A. et. al (tradução: Leonardo Zilio, Rafaela Guimarães Barbosa). Fundamentos de administração financeira. 9. Ed. Porto Alegre: AMGH, 2013. p. 10.

[131] Cf. BRASIL. Congresso Nacional. Câmara dos Deputados. op. cit., disponível: <http://www.camara.gov.br/proposicoesWeb/prop_mostrarintegra?codteor=1118734&filename=Dossie+-PL+3741/2000>. Acesso em: 30 de outubro de 2017, pp. 343-344.

os §§3º e 4º do artigo 289 daquela Lei" é incoerente com o posicionamento dos legisladores.

Por fim, após a aprovação unânime da CCJ, o projeto foi encaminhado ao Senado Federal que, de igual modo, aprovou a proposição e a encaminhou à Presidência da República para sanção, que, por sua vez, vetou apenas a alteração de um artigo da Lei nº 6.404/76[132], não apresentando objeções ao restante do conteúdo.

Promulgada a Lei, não obstante a clara intenção do legislador, o debate transcendeu às discussões parlamentares e chegou até as normas administrativas e à jurisprudência.

Por conseguinte, passou-se a discutir, na prática, a necessidade de vinculação das publicações à escolha do tipo societário e como dar eficácia a essa norma, o que gerou, também, a tramitação de novos projetos de lei para modificar o dispositivo do artigo 3º da Lei nº 11.638/2007.

Dessa forma, na tentativa de compreender e pacificar as discussões a respeito do artigo 3º da Lei nº 11.638/2007, será analisado como os precedentes, normas e novos projetos de lei que têm por objetivo regulamentar a Lei nº 11.638/2007 se relacionam com as sociedades limitadas.

---

[132] O artigo revogado era o que pretendia a alteração do disposto no então artigo 181 da Lei das S/A que tratava de Resultados de Exercícios Futuros, cuja redação dizia: "Serão classificados como resultados de exercícios futuros os resultados não realizados decorrentes de operações efetuadas entre as sociedades controladora, controladas ou sob controle comum; as receitas não realizadas decorrentes de doações e subvenções para investimentos; e as demais receitas recebidas que, em obediência ao regime de competência, somente no futuro integrarão o resultado da companhia".

4. Aplicação do Artigo 3º da Lei nº 11.638/2007

A Lei nº 11.638 foi publicada em 28 de dezembro de 2007, tendo entrado em vigor em 1º de janeiro de 2008, conforme seu artigo 9º.

A CVM foi primeira entidade governamental a manifestar entendimento a respeito da lei como um todo, por meio do Comunicado emitido ao mercado em 14 de janeiro de 2008, onde também informou elaboraria uma Instrução Normativa a respeito do tema, Instrução CVM nº 469[133], concluída na data de 2 de maio de 2008 e que veio acompanhada de nota explicativa da presidência[134].

Embora a Instrução CVM nº 469/07 e a nota explicativa tenham sido editadas para interpretar a disciplina e aplicação da Lei nº 11.638/2007, os atos normativos da autarquia tratam apenas das companhias abertas – mesmo porque, de modo geral, a CVM não tem por alçada a regulação de sociedades fechadas, sejam anônimas ou limitadas.

---

[133] Cf. BRASIL. **Instrução CVM nº 469, de 02 de maio de 2008**. Dispõe sobre a aplicação da Lei nº 11.638, de 28 de dezembro de 2007. Altera as Instruções CVM nº 247, de 27 de março de 1996 e 331, de 4 de abril de 2000. Disponível em: < http://www.cvm.gov.br/export/sites/cvm/legislacao/instrucoes/anexos/400/inst457consolid.pdf>. Acesso em: 15 de novembro de 2017.

[134] Cf. BRASIL. **Nota explicativa à Instrução CVM nº 469, de 2 de maio de 2008**. Ref. Instrução CVM nº 469, de 2 de maio de 2008, que dispõe sobre a aplicação da Lei nº 11.638, de 28 de dezembro de 2007 e altera as Instruções CVM nº 247, de 27 de março de 1996 e 331, de 4 de abril de 2000. Disponível em: <http://www.cvm.gov.br/export/sites/cvm/noticias/anexos/2008/20080114_press_1.pdf>. Acesso em: 15 de abril de 2018.

Nesse sentido, é importante a lembrança que Alexandre Demetrius Pereira[135] faz ao citar os ensinamentos de Erasmo Valladão Azevedo e Novaes França, para quem é impossível a aplicação de penalidades por parte da CVM às sociedades de grande porte que não se constituam em companhias abertas.

França entende que a autarquias não têm ingerência sobre outros tipos societários, podendo haver sanções eventualmente aplicáveis ao auditor independente ou derivadas da irregularidade da escrituração contábil.

Segundo o autor, alguns dos tipos de sanções a serem aplicadas às sociedades de grande porte que não obedecerem ao disposto no art. 3º da Lei 11.638/07 podem ser a impossibilidade de participar de licitações públicas, vedação ao requerimento de recuperação judicial ou extrajudicial, impossibilidade de operações de crédito, câmbio e seguros, possibilidade de incorrer em crime falimentar, entre outras.

Contudo, no comunicado ao mercado de janeiro de 2008, a CVM declarou que não havendo disposição expressa de publicação das demonstrações financeiras de sociedades de grande porte não constituídas sob a forma do anonimato, qualquer divulgação voluntária deveria ter o grau de transparência e estar em linha com o artigo 3º da Lei nº 11.638/2007. Portanto, reconhecendo a ausência da obrigação de divulgação às sociedades de grande porte que não companhias abertas, mas vinculando eventual publicação voluntária aos padrões legais.

No âmbito das Juntas Comerciais, em meio a muitas dúvidas dos colégios de vogais sobre como aplicar o disposto no artigo 3º, o antigo Departamento Nacional de Registro do Comércio (DNRC) – atual Departamento de Registro Empresarial e Integração (DREI) – estabeleceu, por meio do Ofício nº 099 de 18 de junho de 2008, que para formulação das exigências, nos termos do artigo 40 da Lei nº 8.934 de 18 de novembro 1994, as sociedades de grande porte poderiam, facultativamente, publicar suas demonstrações financeiras nos jornais oficiais ou em outros meios de divulgação.

A princípio, o órgão se mostrou flexível quanto aplicação da norma legal, porque, de acordo com sua interpretação havia uma distinção

---

[135] Cf. PEREIRA, Alexandre Demetrius. **Auditoria das demonstrações contábeis: uma abordagem jurídica e contábil**. São Paulo, Atlas 2011, p. 144.

entre os termos "divulgação" e "publicação" (aqui se entendeu "divulgação" como algo mais amplo, pois a orientação do DNRC falava em "publicação em jornais oficiais ou outros meios de divulgação").

A partir dessa definição, o Departamento entendeu que deveria prevalecer a interpretação que mais se adequasse ao sentido literal do artigo 7º da Lei nº 11.638/2007[136], sugerindo uma interpretação sistemática[137].

O Ofício ainda trouxe como justificativa o fato de que a palavra "divulgação" só constava na ementa da lei, não havendo qualquer obrigatoriedade no artigo 3º, razão pela qual também invoca o artigo 5º, inciso II, da Constituição Federal como um dos argumentos para a referida orientação, pois o texto constitucional aduz que ninguém é obrigado a fazer ou deixar de fazer alguma coisa, senão em virtude de lei. Logo, para o DNRC, a ementa não tinha força normativa.

Não concordando com a interpretação dada pelo Departamento ministerial, a Associação Brasileira de Imprensas Oficiais (ABIO)[138], ainda em 2008, ajuizou ação de declaração de nulidade do Ofício nº 99/2008 em face da União, tendo obtido sentença favorável somente em 2010.

Ao DNRC, restou apenas editar nova orientação, o Ofício nº 064 de 13 de abril de 2010[139], o qual divulgou o dispositivo da decisão judicial

---

[136] Art. 7º. As demonstrações referidas nos incisos IV e V do caput do art. 176 da Lei nº 6.404, de 15 de dezembro de 1976, poderão ser divulgadas, no primeiro ano de vigência desta Lei, sem a indicação dos valores correspondentes ao exercício anterior.

[137] De acordo com Chiara Ramos, a interpretação sistemática da legislação "leva em consideração o sistema em que se insere o texto e procura estabelecer a concatenação entre este e os demais elementos da própria lei, do respectivo ramo do direito ou do ordenamento jurídico geral, supondo a unidade e coerência do sistema jurídica". Cf. RAMOS, Chiara. **Noções introdutórias de hermenêutica jurídica clássica**. Disponível em: <https://jus.com.br/artigos/29254/nocoes-introdutorias-de-hermeneutica-juridica-classica/3>. Publicado em junho de 2014. Acesso em: 6 de dezembro de 2017.

[138] Associação que já havia participado dos debates de elaboração do que viria a se tornar a Lei nº 11.638/2007.

[139] Para Francisco Antunes Maciel Müssnich e Fábio Henrique Peres, determinação do então DNRC em sentido contrário, seria ilegal, posto que cabe ao departamento somente estabelecer normas procedimentais de arquivamento e solucionar dúvidas de interpretação normas relacionadas ao registro mercantil, conforme o artigo 4º, incisos III e IV da Lei 8.934/94. Note que o DREI só elaborou norma assim por conta de decisão judicial e ainda na assim o ofcício só diz que tá cumprindo a decisão e cita a sentença, não assumindo o órgão opinião a respeito. Cf. MÜSSNICH, Francisco Antunes Maciel e PERES, Fábio Hen-

e uma cópia da inicial do processo, bem como instruiu aos presidentes das Juntas Comerciais – ao contrário do ofício expedido em 2008 – que obedecessem às alterações introduzidas pela Lei nº 11.638/2007, no tocante à obrigatoriedade de publicação no órgão oficial (Imprensa Oficial), conforme estabelecido na sentença judicial[140].

Assim, para aplicar o que foi decidido pelo juízo da 25ª Vara Cível da Justiça Federal em São Paulo na ação da ABIO, as Juntas Comerciais passaram a exigir que as atas de assembleia geral ordinária ou de reunião de quotistas para aprovação das contas sociedade só seriam arquivadas se viessem acompanhadas do periódico de grande circulação e do diário oficial com as respectivas publicações das demonstrações financeiras ou de declaração assinada pelo administrador ou contabilista responsável afirmando não ser sociedade de grande porte conforme os padrões impostos pelo Parágrafo Único do artigo 3º.

É importante lembrar que, embora na lei não haja qualquer imposição de multa ou penalidade em face do não arquivamento das atas de aprovação de contas, a ausência desse registro pode trazer consequências graves para as sociedades.

Por exemplo, como visto durante a tramitação do Projeto de Lei nº 3.741/2000, é comum que se diga que muitas das sociedades estrangeiras com operações no Brasil (caso das montadoras, farmacêuticas, empresas de tecnologia, etc.) passaram a adotar a forma de sociedades limitadas – e não de companhias – para não terem de enfrentar o maior rigor contábil[141].

No entanto, o fato é que, ainda assim, aquelas empresas podem ter problemas para remeter os dividendos auferidos ao exterior, uma vez que não raro o Banco Central exige a ata de aprovação de contas arquivada em Junta Comercial como justificativa para os contratos de câmbio.

Outrossim, o fato de não obedecer a lei pode afrontar regras de *compliance* praticadas no mercado, o que pode prejudicar contratos, ope-

---

rique. **Breves considerações sobre Elaboração e Publicação de Demonstrações Financeiras por Sociedades de Grande Porte à luz da Lei nº 11.638/07** in ROCHA, Sergio André. Direito Tributário Societário e a Reforma da Lei das S/A – Volume 1 – Capítulo VI. p. 214-231. p. 122-131.

[140] Ver capítulo o item 4.1.3.1 do capítulo 4, onde se analisa esta ação de forma mais detalhada.
[141] Op. cit. p. 36.

rações societárias ou financeiras envolvendo terceiros (como a venda da própria sociedade, obtenção de financiamentos e participação em licitações), assim como em eventual defesa de processo administrativo de responsabilização (PAR), instaurado por força da Lei Anticorrupção e de seu Decreto regulamentar[142].

Além disso, embora mais remota e difícil de ser comprovada, existe a possibilidade de a parte contrária à sociedade obter em processo judicial, decisão de desconsideração inversa da personalidade jurídica, já que pode a ausência do arquivamento da aprovação das contas ser entendida como confusão patrimonial e uso abusivo da pessoa jurídica, sem falar nos casos mais incisivos regulados pelas legislações trabalhistas, ambientais ou consumeristas, que demandam menos requisitos para autorizar a desconsideração[143].

Por fim, Pereira[144] explica que, para aplicação das sanções, o destinatário das demonstrações contábeis deve, antes de tudo, concluir que as demonstrações financeiras se encontram irregulares em face do porte econômico da sociedade elaboradora, o que exige o confronto com a documentação das operações que originaram os lançamentos contábeis dos fatos econômicos impugnados.

Dessa forma, aquele autor conclui que como a instrução probatória de documentos "pressupõe conhecimento específico, interesse, altos custos, dispêndio de tempo para levantamento e confronto de dados, além da possibilidade legal de acesso à informação (em regra, sigilosa), a aplicação das sanções supracitadas fica deveras esvaziada na prática".

4.1. Recorte Metodológico para Análise Jurisprudencial

Para investigar se a obrigatoriedade da publicação das demonstrações financeiras das sociedades de grande porte, ainda que não constituídas sob a forma de sociedade por ações, está de acordo com o ordenamento

---

[142] Artigo 7º, inciso VII da Lei 12.846/2015 e artigos 5º, §4º e 42, inciso VII do Decreto nº 8.420/2015.
[143] O caso da confusão patrimonial faz parte do exemplo da aplicação da Teoria Maior do artigo 50 do Código Civil, a qual impõe maiores obstáculos à consideração. As hipóteses de desconsideração da personalidade jurídica das leis mais específicas, sem maiores óbices a utilização desse expediente, fazem parte da chamada Teoria Menor.
[144] Op. cit. p. 144.

jurídico brasileiro[145] e se cumprem com o objetivo do legislador no Projeto de Lei nº 3.741/2000, foi elaborada uma análise da interpretação da lei dada pelo Poder Judiciário sobre o assunto.

O recorte metodológico deste estudo teve por base a quantidade de sociedades limitadas existentes no Brasil. Obtido esse número, foi possível observar em quais unidades da federação, dentre os estados e o Distrito Federal, há o maior número de sociedades limitadas registradas.

O objetivo foi verificar o número de sociedades limitadas nas unidades da federação que representasse ao menos 75% das empresas constituídas sob aquele tipo societário em todo o Brasil, representando assim amostra relevante de como as sociedades limitadas de grande porte, a princípio e em números absolutos, devem tratar as suas demonstrações financeiras.

Postos esses dados, foi feita uma análise das normas das Juntas Comerciais daquelas unidades da federação que os compõem. Com base nessas normas, analisou-se, em seguida, a jurisprudência dos Tribunais de acordo com a respectiva jurisdição.

Pois bem, de acordo com a consolidação dos dados estatísticos das Juntas Comerciais do Departamento de Registro Empresarial e Integração (DREI), as unidades da federação – ressalte-se, considerando apenas os estados e o Distrito Federal – que apresentaram mais registros de sociedades limitadas foram, respectivamente, São Paulo, Paraná, Minas Gerais, Santa Catarina e Rio de Janeiro, conforme a tabela a seguir:

---

[145] Nesse sentido, não entrando no mérito da legalidade em sentido estrito, porém reconhecendo que o resultado final da norma ocasione este tipo de interpretação do texto legal.

APLICAÇÃO DO ARTIGO 3º DA LEI Nº 11.638/2007

Tabela 1 – Número de Sociedades Limitadas Registradas Entre 01/01/2017 E 31/01/2017

POSIÇÃO	UNIDADE DA FEDERAÇÃO	QUANTIDADE
1º	SÃO PAULO	477.382
2º	PARANÁ	124.890
3º	MINAS GERAIS	115.442
4º	SANTA CATARINA	63.333
5º	RIO DE JANEIRO	41.003
	TOTAL	822.050 (79,51%)
	DEMAIS UNIDADES DA FEDERAÇÃO	211.854 (20,49%)
	TOTAL GERAL	1.033.904 (100,00%)

Fonte: Portal da Transparência (2018), adaptado pelo autor.[146]

Somados, os registros de sociedades limitadas dos estados acima perfazem o número de 822.050, correspondendo a 79,51% das sociedades limitadas do país, um percentual um pouco maior do que o pretendido para a pesquisa.

Contudo, desses estados, apenas Rio de Janeiro, Minas Gerais e São Paulo possuem normas específicas e exclusivamente direcionadas à obrigatoriedade da publicação das demonstrações financeiras, quais sejam, respectivamente os Enunciados nº 39 e 48 editados por meio da Deliberação JUCERJA nº 53 de 30 de novembro de 2011[147], da Junta Comercial do Estado do Rio de Janeiro (JUCERJA); a Instrução de Serviço nº IS/03/2010, de 13 de maio de 2010, da Junta Comercial do Estado de

---

[146] Dados obtidos por meio de solicitação realizada em 27 de janeiro de 2018, no Sistema Eletrônico do Serviço de Informação ao Cidadão (e-SIC) do Portal da Transparência, ao Ministério da Indústria, Comércio Exterior e Serviços (MDIC), cujo Departamento de Registro Empresarial e Integração (DREI) forneceu tabela com relação de dos registros de limitadas de todos estados da federação e Distrito Federal de acordo com a consolidação de dados estatísticos das juntas comerciais. A lista completa se encontra ao final deste trabalho, no Anexo I.

[147] Cf. BRASIL Secretaria de Desenvolvimento Econômico, Energia, Indústria e Serviços do Estado do Rio de Janeiro. Junta Comercial do Estado do Rio de Janeiro. **Deliberação JUCERJA n. 53, de 30 de novembro de 2011**. Aprova novos enunciados a serem adotados no âmbito desta JUCERJA. Disponível em: < https://www.jucerja.rj.gov.br/Legislacao/Deliberacoes?pagina=6>. Acesso em 30 de junho de 2017.

Minas Gerais (JUCEMG)[148]; e a Deliberação nº 02, de 25 de março de 2015 da Junta Comercial do Estado de São Paulo (JUCESP)[149].

Nessas três autarquias a alternativa utilizada para aplicar a determinação da Lei nº 11.638/2007, foi a de que o arquivamento das aprovações de contas das sociedades limitadas de grande porte dependeria da prévia publicação das demonstrações financeiras no Diário Oficial e em jornal de grande circulação ou de declaração assinada pelo administrador e contador responsável pela sociedade, de que ela não se enquadraria nos requisitos previstos pelo parágrafo único do artigo 3º.

Logo, com base na constatação de que estes são os únicos estados cujas juntas comerciais possuem normas exclusivas para regulamentação da matéria do artigo 3º da Lei nº 11.638/07, optou-se por analisar a jurisprudência de cada um deles tendo utilizado, como parâmetro de pesquisa do sistema de busca dos tribunais os termos "grande porte" e "11.638", assumindo-se que os quais englobam toda a gama de julgados a respeito do tema deste estudo.

Convém ressaltar que, não obstante a utilização de termos abrangentes, chama à atenção o fato de que os estados de Minas Gerais, Rio de Janeiro e São Paulo também foram os únicos que apresentaram precedentes a respeito do assunto, seja no âmbito da Justiça Federal ou da Estadual[150], ainda que nas jurisdições que compreendem o Estado do Rio de Janeiro e o Estado de Minas Gerais só se tenha achado um prece-

---

[148] Cf. BRASIL. Junta Comercial do Estado de Minas Gerais. **Instrução de Serviço Nº IS/03/2010**. Disciplina os procedimentos a serem observados para o cumprimento da obrigatoriedade de publicação dos balanços e das demonstrações financeiras das sociedades limitadas de grande porte e dá outras providências. Disponível em: < https://www.jucemg.mg.gov.br/arquivos/is-re/instrucao_servico_03_2010.pdf>. Acesso em 30 de junho de 2017.

[149] Cf. BRASIL. Secretaria de Desenvolvimento Econômico, Ciência, Tecnologia e Inovação do Estado de São Paulo. Junta Comercial do Estado de São Paulo. **Deliberação JUCESP nº 02, de 25 de março de 2015**. Dispõe acerca da publicação das demonstrações financeiras de sociedades empresárias e cooperativas de grande porte no Diário Oficial do Estado e em jornal de grande circulação e do arquivamento das publicações dessas demonstrações e da ata que as aprova. Disponível em: <http://www.institucional.jucesp.sp.gov.br/downloads/Delibera%C3%A7%C3%A3o%2002-2015.pdf>. Acesso em 30 de junho de 2017.

[150] Embora sabendo-se que a competência para julgar esse assunto é da Justiça Federal, nos termos da Lei 8.934/94, que diz: "Art. 6º As juntas comerciais subordinam-se administrativamente ao governo da unidade federativa de sua jurisdição e, tecnicamente, ao DNRC, nos termos desta lei".

dente em cada e em tribunais diferentes; o primeiro na Justiça Federal e o segundo na Justiça Estadual.

Importante destacar que, não obstante à delimitação deste estudo, em razão da quantidade de sociedades limitadas registradas nos termos da Tabela 1, a jurisprudência de Paraná e Santa Catarina também foi analisada e não se encontrou qualquer precedente a respeito da matéria aqui tratada; tampouco, há qualquer norma específica emitida por suas juntas comerciais regulamentando o assunto, razão pela qual ateve-se ao recorte metodológico proposto, que será esmiuçado conforme os tópicos a seguir.

4.1.1. *Minas Gerais*

Em Minas Gerais a norma especifica é a Instrução de Serviço nº IS/03//2010 que disciplina os procedimentos a serem observados para o cumprimento da obrigatoriedade de publicação dos balanços e das demonstrações financeiras das sociedades limitadas de grande porte e dá outras providências.

Esta norma também tem por base a ação da ABIO ajuizada na 25ª Vara Cível Federal de São Paulo, processo que foi o marco que desencadeou os entendimentos exarados por algumas Juntas Comerciais, casos explícitos nos Estados de Minas Gerais e São Paulo cujas autarquias utilizaram do feito como fundamento para elaboração de suas normas administrativas.

O precedente de Minas Gerais foi obtido por meio de acesso ao banco de dados do Tribunal de Justiça de Minas Gerais (TJ-MG), que nem é o foro competente para esta questão.

Trata-se de um acórdão proferido em sede de agravo de instrumento interposto pela Danone Ltda contra decisão proferida pelo Juízo da 4ª Vara da Fazenda Pública e Autarquias da Comarca de Belo Horizonte[151],

---

[151] Cf. BRASIL. Tribunal de Justiça do Estado de Minas Gerais. **Agravo de Instrumento nº 1.0000.17.009029-4/001. Agravante: CPN Mineração LTDA, Danone LTDA. Agravado: Junta Comercial do Estado de Minas Gerais.** Relator: Desembargador Luís Carlos Gambogi. Belo Horizonte, 05 de outubro de 2017. Disponível em: < http://www5.tjmg.jus.br/jurisprudencia/pesquisaNumeroCNJEspelhoAcordao.do;jsessionid=EED17A04B06B78 206630A4476E326259.juri_node2?numeroRegistro=1&totalLinhas=1&linhasPorPagina=1 0&numeroUnico=1.0000.17.009029-4%2F001&pesquisaNumeroCNJ=Pesquisar>. Acesso em 20 de abril de 2018.

a qual, declara que o item 7 do Ofício Circular nº 099/2008 publicado pelo então DNRC violaria o disposto nas Leis nº 6.404/1976 e nº 11.638/2007, motivo pelo qual seria necessária a publicação de balanços e demonstrações financeiras.

Referido item do Ofício continha a seguinte redação[152]:

> 7. As Sociedades de Grande Porte, para o fim de atender o disposto no art. 40 da Lei 8.934/96, poderão facultativamente publicar suas demonstrações financeiras nos jornais oficiais ou outros meios de divulgação, para o efeito de ser deferido o seu arquivamento nas Juntas Comerciais.

O processo, uma ação declaratória de ilegalidade de ato normativo com pedido liminar, discutia o conflito entre esta orientação do órgão federal e a Instrução de Serviço da Junta Comercial IS/03/2010, tendo prevalecido, em sede de decisão interlocutória de primeira instância o entendimento de que o Ofício do DNRC era ilegal.

A Danone Ltda, por sua vez, afirmava que, segundo o artigo 4º, inciso II, da Lei nº 8.934/1994, era competência exclusiva do órgão central do Sistema Nacional de Registros de Empresas Mercantis (antigo DNRC, atual DREI) estabelecer e consolidar as diretrizes gerais do registro público de empresas mercantis, pelo que seria vedado às juntas comerciais editar instruções referentes aos registros das sociedades.

Além disso, em razão da alegada abusividade da Instrução de Serviço, a sociedade teria crédito restrito até o registro da ata de aprovação das contas.

O recurso, no entanto, não foi provido pela 5ª Câmara Cível do TJ-MG, porque o relator do caso, Desembargador Luís Carlos Gambogi, concluiu que a Instrução de Serviço apenas instituiu a exigência com fundamento na lei, no caso a Lei nº 11.638/2007, que deveria ser interpretada de acordo com parágrafo 1º do artigo 176[153] da Lei das S.A., pois

---

[152] Cf. BRASIL. Ministério do Desenvolvimento, Indústria e Comércio Exterior Secretaria de Comércio e Serviços. Departamento Nacional de Registro do Comercio. **Ofício Circular nº 099/2008/SCS/DNRC/GAB**. Disponível: <http://www.consultaesic.cgu.gov.br/busca/dados/Lists/Pedido/Attachments/473100/RESPOSTA_PEDIDO_RESP_52750_000258_2016_01%20-%2011-05-2016%20-%20SG%20-%20Ofcir%20099%202008(1).pdf>. Acesso em 28 de fevereiro de 2018.

[153] Art. 176. Ao fim de cada exercício social, a diretoria fará elaborar, com base na escrituração mercantil da companhia, as seguintes demonstrações financeiras, que deverão exprimir com clareza a situação do patrimônio da companhia e as mutações ocorridas no exercício:

essa norma obrigava à publicação das demonstrações financeiras de todas as sociedades reguladas pelo microssistema societário, inclusive as de grande porte, não constituídas sob a forma de sociedades por ações.

Além disso, para sustentar seu argumento, o relator se utilizou da ementa da Lei nº 11.638/2007, onde permanece a palavra "divulgação"[154], afirmando se tratar de uma "expressão normativa que, naturalmente, deve ser considerada porque não existem palavras ou termos escritos em vão na letra da lei".

O acórdão foi unânime em negar provimento ao recurso, uma vez que os demais desembargadores acompanharam o Relator.

4.1.2. Rio de Janeiro

No Rio de Janeiro, as normas lançadas pela Junta Comercial, embora diretas e específicas, são menos detalhadas do que as de Minas Gerais, tratando-se de dois enunciados, de números 39 e 49, sem "considerandos" ou exposições de motivos de qualquer natureza[155].

Basicamente, os enunciados replicam o *caput* do artigo 3º da Lei nº 11.638/2007, complementando-o, no enunciado nº 39, com a obrigação de que as reuniões ou assembleias de sócios da limitada de grande porte que aprovar suas Demonstrações Financeiras deverão estar acompanhadas da comprovação de prévia publicação para o registro.

Já no enunciado nº 49, com a determinação de que, em não se comprovando a publicação, as atas deverão vir acompanhadas de declaração de administrador, em conjunto com o contador de que não se trata de sociedade limitada de grande porte.

O precedente do Rio de Janeiro foi obtido por meio de acesso ao banco de dados do Tribunal Regional Federal da 2ª Região (TRF-2), trata-se de um agravo de instrumento, em mandado de segurança impe-

---

(...)
§ 1º As demonstrações de cada exercício serão publicadas com a indicação dos valores correspondentes das demonstrações do exercício anterior.
[154] Vide ementa no item 3.1.1 do capítulo 3.
[155] Cf. BRASIL Secretaria de Desenvolvimento Econômico, Energia, Indústria e Serviços do Estado do Rio de Janeiro. Junta Comercial do Estado do Rio de Janeiro. op. cit., Disponível em: <https://www.jucerja.rj.gov.br/Legislacao/Deliberacoes?pagina=6>. Acesso em 30 de junho de 2017.

trado em face da JUCERJA, interposto pela Net Rio Ltda[156] com pedido de antecipação de tutela recursal, contra decisão proferida pelo juízo da 24ª Vara Federal da Seção Judiciária do Rio de Janeiro.

O juízo indeferiu a liminar pleiteada no mandado de segurança, a qual tinha por objetivo afastar a exigência de publicação das demonstrações financeiras da sociedade para arquivar a ata de reunião de sócios para aprovação das contas.

Neste caso a exigência foi formulada pela autarquia com base direta no artigo 3º da Lei nº 11.638/07, tornando curioso o fato de que, embora o enunciado nº 39 já estivesse vigente, a JUCERJA não tenha feito qualquer menção à norma administrativa.

Pois bem, em seu recurso, a agravante sustentou que a exigência de publicação das demonstrações financeiras contida no anteprojeto e no Projeto de Lei nº 3.741/2000 foi, durante o processo legislativo, suprimida pela Comissão de Finanças e Tributação e pela Comissão de Constituição e Justiça[157], razão pela qual a obrigação acessória de publicar as escriturações afrontaria o princípio constitucional da legalidade, nos termos do artigo 5º, inciso II, da Constituição Federal.

A agravante ainda trouxe ao debate a natureza jurídica da sociedade limitada, a qual por ser considerada *intuitue personae* teria em suas relações jurídicas o caráter particular e privatista.

No mérito, prevaleceu o voto que denegava a liminar, proferido pelo relator do caso, o Des. Guilherme Calmon Nogueira da Gama, no qual ele dizia não poder reformar a decisão pelo fato da tutela de urgência concedida estar na esfera do poder geral de cautela do juízo de primeira instância, a não ser que padecesse de erro teratológico o que não foi vislumbrado pelo desembargador.

Do seu ponto de vista, cabia fazer uma interpretação sistemática do artigo 3º da Lei nº 11.638/2007, pois a norma refletiria, na íntegra, a aplicação do parágrafo 1º, do artigo 176 da Lei das S.A.[158]

---

[156] Cf. BRASIL. Tribunal Regional Federal da 2ª Região. **Agravo de Instrumento nº 0016522-90.2012.4.02.0000. Agravante: Net Rio LTDA. Agravada: Junta Comercial do Estado do Rio de Janeiro – JUCERJA**. Relator: Desembargador Federal Guilherme Calmon Nogueira da Gama. Rio de Janeiro, 27 de fevereiro de 2013. Disponível em: <http://web.trf3.jus.br/consultas/Internet/ConsultaProcessual/Processo?numeroProcesso=00303059720084036100>. Acesso em 20 de abril de 2018.

[157] Para ver o histórico dessa supressão vide o capítulo 3, item 3.2.3.

[158] Interpretação também adotada pelo juízo de Minas Gerais, conforme item 4.1.1.

Por fim, o relator considerou que o pleito não preenchia os requisitos do *fumus boni iuris* e do *periculum in mora*[159], uma vez que a agravante não demonstrou a alegada impossibilidade de registrar os atos societários seguintes à ata em debate, além do que, novo pagamento das taxas de registro, no valor de R$ 300,00 (trezentos reais), seria ínfimo para uma sociedade considerada de grande porte.

A Sexta Turma do TRF-2 negou, por unanimidade, provimento ao recurso, na forma do relatório e voto apresentados pelo Relator.

4.1.3. *São Paulo*

Com a Deliberação JUCESP nº 02/2015 ficou definido que as sociedades e cooperativas consideradas de grande porte deveriam publicar o Balanço Anual e as Demonstrações Financeiras do último exercício em jornal de grande circulação e no Diário Oficial do Estado, sendo dispensada a comprovação da publicação nos casos de requerimento de arquivamento de aprovação de contas, mediante a apresentação de declaração de que a sociedade não seria de grande porte.

O ato normativo não só teve por fundamento o texto da Lei nº 11.638/2007, mas também o processo de número 0030305--97.2008.4.03.6100 (distribuído originalmente sob o nº 2008.61.00.030305-7), que trata de uma ação movida pela ABIO[160].

Ao tempo da tramitação do Projeto de Lei nº 3.741/2000, o Professor Modesto Carvalhosa era o consultor jurídico da ABIO, quando em 17 de setembro de 2003 em audiência pública perante a Comissão de Finanças e Tributação manifestou sua opinião favorável a publicação das demonstrações financeiras por limitadas de grande, a qual também foi reproduzida em artigo de sua autoria que diz que a obrigatoriedade de publicação atende ao "espírito da lei"[161].

---

[159] Conforme os requisitos do artigo 273 do Código de Processo Civil de 1973, vigente à época.
[160] Cf. BRASIL. Tribunal Regional Federal da 3ª Região. **Apelação Cível nº 0030305--97.2008.4.03.6100/SP. Apelante: União Federal. Apelado: Associação Brasileira de Imprensas Oficiais (ABIO)**. Relator: Desembargador Federal Hélio Nogueira. São Paulo, 24 de janeiro de 2017. Disponível em: < http://web.trf3.jus.br/consultas/Internet/ConsultaProcessual/Processo?numeroProcesso=00303059720084036100>. Acesso em 30 de junho de 2017.
[161] Cf. CARVALHOSA, Modesto. **Transparência e Publicidade: As Empresas de Grande Porte à Luz da Nova Lei n. 11.638/2007**. Disponível em: <https://ww2.stj.jus.br/publica-

Aliás, outro processo judicial relevante é o Mandado de Segurança coletivo distribuído sob nº 1016756-49.2016.8.26.0053, na Justiça Estadual – posteriormente alterado para o nº 5003654-25.2017.4.03.6100, quando declinada a competência e redistribuído o processo para a Justiça Federal – impetrado pelo Centro de Indústrias do Estado de São Paulo (CIESP)[162], como forma de reação à Deliberação da JUCESP.

Trata-se da ação judicial com maior abrangência entre as sociedades de grande porte no Estado de São Paulo, uma vez que as decisões tomadas naquele processo atingem todas às sociedades filiadas à associação que se enquadrem nos requisitos previstos pelo Parágrafo Único do artigo 3º, da Lei nº 11.638/07.

Embora esse processo ainda esteja em curso, ele foi o fio condutor da pesquisa jurisprudencial realizada no âmbito do Estado de São Paulo.

Explica-se. Na jurisdição que compreende aquele estado, ao contrário de todas as outras jurisdições do país, há vários precedentes relativos à discussão da obrigatoriedade da publicação das demonstrações financeiras para sociedades de grande porte, ainda que não constituídas sob a forma de sociedade por ações.

Tendo em vista que o mandado de segurança em questão atinge um número relevante de sociedades de grande porte, afinal a impetrante é a maior entidade representativa do setor industrial na América Latina[163], a decisão judicial proferida em 2015 foi escolhida como o marco temporal a partir do qual se analisou como vem se formando a jurisprudência no Estado de São Paulo, cuja amostra se encerra com os julgados de março de 2018.

---

caoinstitucional//index.php/dout20anos/article/view/3442/3566>. Acesso em: 11 de abril de 2018.

[162] Cf BRASIL. Tribunal de Justiça do Estado de São Paulo. 10ª Vara da Fazenda Pública. **Processo Digital nº 1017725-98.2015.8.26.0053. Mandado de Segurança Coletivo – Abuso de Poder. Requerente: Centro das Indústrias do Estado de São Paulo, Requerido: Presidente da Junta Comercial do Estado de São Paulo.** Juiz Olavo Zampol Júnior. São Paulo, 15 de maio de 2015. Disponível em: <https://esaj.tjsp.jus.br/cpopg/show.do?processo.codigo=1H0007VYG0000&processo.foro=53&uuidCaptcha=sajcaptcha_2ff4bad3950a4a5fa45e078ef6252764>. Acesso em 30 de junho de 2017.

[163] Isto de acordo com o próprio CIESP, conforme comunicado aos seus associados. Disponível em: <http://www.ciesp.com.br/bauru/noticias/selo-associada-e-parceira-ciesp-2018/>. Acesso em: 01 de junho de 2018.

APLICAÇÃO DO ARTIGO 3º DA LEI Nº 11.638/2007

Antes contundo, far-se-á um breve relato a respeito das ações judiciais da ABIO e do CIESP, para contextualizar o leitor a respeito dos *leading cases* na discussão tema deste estudo. Feito isso, será apresentado o relatório da amostra jurisprudencial colhida que se dividirá entre os casos colhidos do Tribunal de Justiça de São Paulo (TJ-SP), embora se reconheça que não é o foro competente, mas que apresentou uma quantidade relevante de precedentes, e os julgados Tribunal Regional Federal da 3ª Região (TRF-3), este sim competente para julgar a matéria.

4.1.3.1. *Ação da ABIO*

A ABIO entrou com ação em face da União, sustentando que se as publicações das demonstrações financeiras das sociedades limitadas de grande porte fossem realizadas por "outros meios de divulgação", conforme facultado pelo Ofício nº 99/2008, do então DNRC, seria impossível às Juntas Comerciais atestarem a ocorrência e a efetividade das publicações, ferindo também o princípio da legalidade, por estar em desacordo com a inteligência da Lei nº 6.404/1976.

Sendo assim, pleiteou e obteve a antecipação da tutela para sustar os efeitos do Ofício nº 99/2008, liminar que foi concedida pelo juízo da 25ª Vara Federal.

Irresignada, a União, que havia contestado a ação pois não haveria qualquer obrigação de publicação de demonstrações financeiras das sociedades limitadas no Código Civil, opôs agravo de instrumento, quando obteve a tutela recursal para fazer valer o entendimento do DNRC; contudo, na ocasião, o TRF-3 sequer chegou a analisar o mérito do agravo, julgando-o prejudicado, porque no juízo de primeira instância já havia sido prolatada sentença nos autos.

O entendimento do juízo de primeira instância foi no sentido de que – ao contrário do que argumentou a relatora do agravo interposto em face da decisão que concedeu a tutela antecipatória à ABIO – não importava se o interesse da associação era meramente econômico, uma vez que o interesse, fosse qual fosse, por si só, já seria o suficiente para legitimar a sua condição de autora na ação, sendo certo de que o interesse econômico gera reflexos nos interesses jurídicos.

Contudo, o juízo de primeira instância tampouco negou que haveria interesse jurídico. Para tanto, trouxe à baila as finalidades da ABIO presentes em seu estatuto, dentre as quais estava a de se editar os Diários Oficiais dos Poderes Legislativo e Executivo da União, Distrito Federal e Municípios e do Poder Judiciário.

Dessa forma, a associação seria parte hábil a figurar no polo ativo da ação em substituição processual de suas associadas, que tem a atribuição de veicular as publicações determinadas por lei.

No mérito, a sentença declara que a Lei nº 11.638/2007 tornou obrigatória as publicações nos órgãos oficiais e também nos jornais de grande circulação, por meio da interpretação conjunta do artigo 176 e 289 da Lei nº 6.404/76, não sendo conferida qualquer opção às sociedades de grande porte senão promover as publicações.

Por conseguinte, se a lei impõe esse dever, gera o direito das imprensas oficiais de exigir o seu cumprimento, ao contrário do ofício em caráter opcional expedido pelo DNRC que teria exorbitado sua competência de ação por impor norma administrativa contrária à lei em sentido formal.

Segundo a sentença, a justificativa trazida pelo departamento ministerial de se interpretar o artigo 3º conforme o artigo 7º da Lei nº 11.638/2007 não teria sentido, porque o segundo trata de norma transitória sobre a forma de divulgação das demonstrações de fluxos de caixa e de valor adicionado (incisos IV e V do artigo 176 da Lei das S.A.), as quais prescindiriam dos números do exercício anterior, quando a lei entrasse em vigor.

Nesse sentido, o juízo de primeira Instância entendeu que a finalidade da norma legal foi corrigir grave falha do ordenamento jurídico que permitia que sociedades de grande porte – muitas delas que exploram ramos da atividade econômica de alta relevância e interesse público – não se submetessem às mesmas normas de publicidade pelo único motivo de não se revestirem da forma de sociedade anônima.

Motivo pelo qual julgou procedente o feito declarando a nulidade do Ofício nº 99/2008, determinando ao DNRC que expedisse novo ofício sobre as publicações, o que de fato ocorreu com o Ofício 064 de 13 de abril de 2010[164].

---

[164] Cf. BRASIL. Ministério do Desenvolvimento, Indústria e Comércio Exterior Secretaria de Comércio e Serviços. Departamento Nacional de Registro do Comercio. **Oficio Circular nº 064/2010/SCS/DNRC/GAB**. Disponível em: <http://www.mdic.gov.br/images/REPO

Da sentença, foi interposta apelação pela União, a qual foi recebida no duplo efeito, porém a ABIO opôs embargos de declaração da decisão para que ela fosse recebida somente no efeito devolutivo, pedido aceito pelo juiz que, por sua vez, reformou a decisão sob o fundamento de que a tutela recursal concedida no agravo interposto pela União havia perdido o objeto, porque sobrevinda a sentença antes de decisão definitiva sobre o recurso em segunda instância.

Com relação ao mérito do processo, este sequer chegou a ser julgado pelo Tribunal Regional da 3ª Região.

Novamente contrariada, a União interpôs novo agravo de instrumento em face da decisão reformadora do juízo *a quo* com o fim de trazer eficácia suspensiva à apelação, recurso que foi improvido pelo TRF-3 e levado ao Superior Tribunal de Justiça (STJ), sob o argumento de que o provimento jurisdicional só teria eficácia com a confirmação pelo órgão *ad quem*.

Contudo, a Corte Superior, admitiu que o recurso não preencheria os requisitos de admissibilidade e aplicou o impeditivo da Súmula 7 do STJ, o qual dispõe que a pretensão de simples reexame de prova não enseja recurso especial.

De mais a mais, o processo retornou ao Tribunal Regional da 3ª Região, onde seguem conclusos ao relator[165].

4.1.3.2. *Ação do CIESP*

Assim como o caso da ABIO, este mandado de segurança coletivo segue em andamento e é importante porque abrange um grande número de sociedades de grande porte.

O remédio constitucional foi equivocadamente ajuizado na Justiça Estadual e distribuído para a 10ª Vara da Fazenda Pública do Foro Central da Comarca de São Paulo. Esse juízo, ao receber a inicial, deferiu o pedido liminar por verificar a existência dos requisitos ensejadores da tutela antecipatória: a fumaça do bom direito e o perigo da demora.

SITORIO/SEMPE/DREI/OFICIOS_CIRCULARES/2010/Of-Cir-64-2010.pdf>. Acesso em 28 de fevereiro de 2018.

[165] Consulta realizada na data de 15 de junho de 2018, por meio do sistema PJe do TRF-3, Disponível em: <http://www.trf3.jus.br/pje/?no_cache=1>.

O primeiro requisito foi cumprido por não haver qualquer exigência em relação a publicação de demonstrações financeiras para sociedades de grande porte no artigo 3º, visto que o artigo não faz menção qualquer das publicações impostas pela Lei nº 6.404/76. Enquanto o segundo foi reconhecido em decorrência dos reflexos financeiros significativos e embaraços à administração das sociedades.

Não obstante a incompetência absoluta do juízo, o processo seguiu na Justiça Estadual até 31 de janeiro de 2017, quando foi proferida decisão na qual o juiz reconheceu que não lhe competia julgar ato emanado do Vice-Presidente da Junta Comercial, que respondendo pela Presidência, subscreveu a Deliberação nº 02/2015.

Logo, ele teria agido no exercício de função técnica federal delegada, nos termos do *caput* do artigo 6º, da Lei nº 8.934/1994, determinando assim a redistribuição do feito à Justiça Federal de São Paulo.

O impetrante renunciou ao prazo recursal e solicitou a imediata redistribuição para a Justiça Federal. Tendo as partes se manifestado já no juízo competente, foi ouvido o Ministério Público Federal que emitiu parecer pela denegação da segurança por considerar inexistente o direito líquido e certo a ser protegido.

Na sentença foi decidido que a Deliberação impugnada encontrava respaldo na ação da ABIO, porquanto foi editada para dar cumprimento ao que havia sido decidido nela e por isso não seria ato ilegal ou abusivo, uma vez que visava o cumprimento de uma decisão judicial em outro processo (pendente o julgamento de seu recurso, recebido tão somente no efeito devolutivo).

Além disso, registrou-se que o Poder Judiciário só poderia verificar a conformidade do ato com a legislação pertinente, não podendo adentrar no mérito do ato administrativo, sob pena de atentar contra a tripartição e o equilíbrio entre os poderes, sendo, portanto, denegada a segurança e o feito julgado improcedente.

Em sede apelação, o CIESP pugnou pelo efeito suspensivo ao recurso interposto, concedido em 24 de abril de 2018 pelo Relator do caso no TRF-3, o Des. Souza Ribeiro.

O Relator argumentou que embora a sentença tenha se fundado no caso da ABIO, o processo ainda não havia transitado em julgado (e até o momento não transitou), não podendo a impetrada se valer desse precedente em primeira instância.

Já que, de acordo com o artigo 506 do Código de Processo Civil de 2015, o comando da sentença ainda não transitada em julgado só pode ser oposto contra quem participou no processo, que não foi o caso do CIESP.

Ademais, o Relator antecipou seu entendimento quanto ao mérito, restabelecendo a liminar então concedida no juízo da 10ª Vara da Fazenda Pública da Comarca de São Paulo, por entender também que a JUCESP exorbita seus poderes ao imputar regra que não consta no artigo 3º da Lei nº 11.638/2007.

Informado da decisão, o juízo *a quo* intimou o impetrado a cumprir a decisão proferida pelo Tribunal, que concedeu o efeito suspensivo ao processo.

4.1.3.3. *Análise da Jurisprudência*

A jurisprudência do Estado de São Paulo é a mais robusta, havendo muitos precedentes tanto no Tribunal de Justiça do Estado de São Paulo, quanto no TRF-3, onde a não obrigação vem prevalecendo com frequência.

Por sua relevância e abrangência, o caso do CIESP, apresentado no item anterior, foi o fio condutor da pesquisa jurisprudencial no âmbito do Estado de São Paulo.

O recorte utilizado foram os casos ajuizados a partir da data da publicação da decisão interlocutória que deferiu a liminar para determinar ao presidente da JUCESP que se abstivesse de aplicar aos associados do CIESP os ditames da Deliberação nº 02/2015.

Sendo assim, a pesquisa de jurisprudência compreende os litígios julgados a partir da data de 20 de maio de 2015 até a data de 31 de março de 2018, conforme se verá no item a seguir.

4.1.3.4. *Tribunal de Justiça do Estado de São Paulo (TJ-SP)*

Embora o Tribunal de Justiça não seja o foro competente para julgar a legalidade dos atos exarados pela Junta Comercial no âmbito de sua atuação técnica, de acordo com os parâmetros de pesquisa descritos anteriormente, foi encontrado um número relevante de precedentes nesse Tribunal.

Ao todo, no período do recorte, foram encontrados 22 (vinte e dois) julgados pelo TJ-SP[166] a respeito do tema, sendo que apenas 5 (cinco) deles não tiveram como decisão final a declaração de incompetência absoluta do juízo para tratar do caso.

Dos cinco, 1 (um)[167] foi improvido por não preencher os requisitos processuais relativos ao mandado de segurança e os outros 4 (quatro)[168] restantes foram julgados e trouxeram entendimentos a respeito do artigo 3º da Lei nº 11.638/2007, todos favoráveis à publicação das demonstrações financeiras, ressalte-se.

O acórdão do Agravo de Instrumento de nº 216206-46.2015.8.26.0000, de relatoria do Desembargador Paulo Galizia na 10ª Câmara de Direito Público[169], foi o único que, embora tenha reconhecido a obrigatoriedade da publicação, concedeu a liminar à recorrente para se eximir das obrigações da Deliberação JUCESP nº 02/2015.

Como a agravante havia sofrido outra exigência da Junta Comercial antes da entrada em vigor da norma, sendo sua ata de aprovação de contas também anterior e pelo fato de que a recorrente se tratava de uma cooperativa de crédito, que já publicava regularmente suas demonstrações financeiras em jornais de grande circulação atendendo às normas do Banco Central, a cooperativa obteve decisão favorável.

Apesar da concessão da liminar acima descrita, o entendimento a respeito da aplicação do artigo 3º da Lei nº 11.638/2007 foi o mesmo nos

---

[166] Cf. Anexo III com a lista dos Julgados do TJ-SP.

[167] BRASIL. Tribunal de Justiça do Estado de São Paulo. **Agravo de Instrumento nº 2144947-94.2015.8.26.0000. Relator: Luis Fernando Camargo de Barros Vidal.** São Paulo, 17 de agosto de 2015. Conforme consulta disponível em: <https://esaj.tjsp.jus.br/cjsg/resultadoCompleta.do>. Acesso em 25 de março de 2018.

[168] BRASIL. Tribunal de Justiça do Estado de São Paulo: (i) **Apelação nº 1019098-67.2015.8.26.0053. Relator: Jarbas Gomes.** São Paulo, 15 de dezembro de 2015; (ii) **Agravo de Instrumento nº 2162061-46.2015.8.26.0000. Relator: Paulo Galizia.** São Paulo, 14 de setembro de 2015; (iii) **Agravo de Instrumento nº 2125141-73.2015.8.26.0000. Relator: Rebouças de Carvalho.** São Paulo, 05 de agosto de 2015; e (iv) **Agravo de Instrumento nº 2123495-28.2015.8.26.0000. Relator: Torres Carvalho.** São Paulo, 27 de julho de 2015. Conforme consulta disponível em: <https://esaj.tjsp.jus.br/cjsg/resultadoCompleta.do>. Acesso em 25 de março de 2018.

[169] BRASIL. Tribunal de Justiça do Estado de São Paulo. **Agravo de Instrumento nº 2162061-46.2015.8.26.0000.** Relator: Paulo Galizia. São Paulo, 14 de setembro de 2015. Conforme consulta disponível em: <https://esaj.tjsp.jus.br/cjsg/resultadoCompleta.do>. Acesso em 25 de março de 2018.

outros 3 (três) precedentes sobre este assunto a saber: Apelação Cível de nº 1019098-67.2015.8.26.0053[170], de relatoria do Desembargador Jarbas Gomes na 11ª Câmara de Direito Público; e Agravos de Instrumento de números 2125141-73.2015.8.26.0000, de relatoria do Desembargador Rebouças de Carvalho na 9ª Câmara de Direito Público e 2123495-28.2015.8.26.0000, de relatoria do Desembargador Torres de Carvalho, na 10ª Câmara de Direito Público.

Neles, os recursos pleiteados não foram providos sob o argumento da interpretação sistemática da Lei nº 11.638/2007 com os artigos 289 e 176, parágrafo 6º, da Lei nº 6.404/1976.

De acordo com os julgados, o fato da primeira lei remeter à segunda, significa que a Lei das S.A. seria aplicável a qualquer sociedade considerada de grande porte.

4.1.3.5. *Tribunal Regional Federal da 3ª Região (TRF-3)*

Utilizando os mesmos parâmetros dos outros tribunais, foram encontrados 68 (sessenta e oito)[171] precedentes judiciais no TRF-3 que tratavam da obrigatoriedade da publicação das demonstrações financeiras.

A jurisprudência desse Tribunal apresentou um padrão: todos os 68 acórdãos foram proferidos em sentido contrário a Deliberação nº 02/2015 da JUCESP e, por conseguinte, contrários às publicações de demonstrações financeiras de sociedades não anônimas consideradas de grande porte.

A grande maioria dos julgados vem da 1ª Turma, com 49 (quarenta e nove), seguido da 2ª Turma com 17 (dezessete) e por último a 3ª Turma, com 2 (dois) julgados.

Para o estudo dos precedentes de forma qualitativa, foram escolhidos 3 (três) julgados de cada turma, por critérios igualmente qualitativos que serão explicitados junto aos comentários aos acórdãos.

Importante ressaltar que apenas a 2ª Turma apresentou acórdãos não unânimes, sempre com o voto vencido capitaneado pelo Desembargador Peixoto Júnior, que se posiciona de favoravelmente às publicações,

---

[170] Acrescente-se ainda que neste caso ainda foi levantado o argumento da pendência da ação da ABIO para negar a liminar.
[171] Cf. Anexo II, com a lista dos julgados do TRF-3.

um deles, inclusive, foi o escolhido para representar aquela divisão do Tribunal o qual será exposto por último, justamente por trazer o contraponto.

O acórdão da 1ª Turma que mais chamou a atenção foi a Remessa Necessária de nº 2016.61.00.028089-0/SP, de Relatoria do Desembargador Federal Wilson Zauhy, em mandado de segurança ajuizado pela Foxconn Brasil Indústria e Comércio Ltda em face da JUCESP[172], que proferiu o voto vencedor se utilizando do princípio da legalidade administrativa, do artigo 37, caput, da Constituição da República.

É que, por determinar que as normas relativas as sociedades de grande porte não constituídas sob a forma de sociedades anônimas tratam somente da escrituração e elaboração das demonstrações financeiras, o texto legal não teria se estendido às publicações.

O texto tampouco teria especificado quais disposições sobre publicação devem ser observadas, motivo pelo qual não caberiam interpretações genéricas das regras das demonstrações financeiras presentes na Lei nº 6.404/1976.

Portanto, não caberia ao administrador público ampliar os termos da legislação, uma vez que, diferentemente do princípio da legalidade do direito privado que autoriza a realizar tudo aquilo que não é vedado pela lei, "no campo do Direito Público a legalidade estatui que à Administração só é dado fazer aquilo que esteja previsto em lei".

Já dentre os dois acórdãos da 3ª Turma, como ambos tem exatamente o mesmo entendimento quanto a discussão da obrigatoriedade das publicações, foi escolhido o mais recente que é também o julgado que avalia exclusivamente o mérito da discussão, sem análise de questões processuais.

Trata-se da Apelação Cível de nº 0023334-52.2015.4.03.6100, de relatoria do Des. Antonio Cedenho, interposta pela Johnson Controls PS

---

[172] Cf. Brasil. Tribunal Regional Federal da 3ª Região. 1ª Turma. **Remessa Necessária em Mandado de Segurança nº 2016.61.00.028089-0/SP. Impetrada: Junta Comercial do Estado de São Paulo. Impetrante: Foxconn Brasil Indústria e Comércio LTDA e outros**. Relator: Desembargador Federal Wilson Zauhy. São Paulo, 05 de dezembro de 2017. Disponível em: <http://web.trf3.jus.br/acordaos/Acordao/BuscarDocumentoGedpro/6545055>. Acesso em 31 de março de 2017.

do Brasil Ltda, contra sentença que denegou a segurança, para manter a exigência prevista pela Deliberação JUCESP nº 02/2015[173].

No curso do processo, a sociedade teve pedido liminar indeferido, mas a recusa foi revertida através da de agravo de instrumento, onde foi obtida tutela recursal.

Posteriormente, em sede de apelação, a empresa obteve acórdão favorável sob o fundamento de que o artigo 3º da Lei nº 11.638/2007 trataria exclusivamente de escrituração e elaboração, não implicando em publicação das demonstrações financeiras, mesmo porque a contabilidade tradicional das sociedades civis e limitadas não a prevê.

Inclusive, segundo o acórdão, a analogia ou interpretação aberta da lei se torna contraproducente, porque "o próprio registro público de empresas mercantis e atividades afins estabelece um regime de legalidade estrita, extraído da informalidade do direito comercial".

A norma da Lei nº 11.638/07 deveria ter sido explícita, porque a publicação só tem utilidade para as sociedades em que os detentores das participações não buscam permanente contato com a administração, servindo-lhes apenas como uma alternativa de investimento.

Para as sociedades ditas de pessoas, a disponibilização dos livros e balanços antes da reunião de prestação de contas cumpre o papel da informação, conforme determinado pelo Código Civil, o que seria suficiente para os sócios mais próximos da condução das atividades da sociedade.

Por fim, o acórdão escolhido da 2ª Turma para esta análise, teve como critério, além da divergência, conforme mencionado anteriormente, o fato de que ela foi referendada pelo Ministério Público Federal, cuja opinião da Procuradoria também foi trazida ao voto vencido, em outras palavras, pelo fato de não ser uma opinião isolada do Desembargador Peixoto Junior.

Trata-se, pois, da Apelação Cível de nº 0010359-95.2015.4.03.6100, remessa oficial de sentença que julgou procedente o pedido formulado em mandado de segurança ajuizado pela Dow Agrosciences Sementes

---

[173] Cf. BRASIL. Tribunal Regional Federal da 3ª Região. 3ª Turma. **Apelação Cível nº 0023334-52.2015.4.03.6100/SP. Apelante: Johnson Controls PS do Brasil Ltda. Apelada: Junta Comercial do Estado de São Paulo. Relator: Desembargador Federal Antonio Cedenho.** São Paulo, 01 de fevereiro de 2017. Disponível em: <http://web.trf3.jus.br/acordaos/Acordao/BuscarDocumentoGedpro/5782111>. Acesso em 31 de março de 2017.

e Biotecnologia Brasil LTDA e outras empresas, contra o ato do Presidente da JUCESP fundamentado na Deliberação nº 02/2015[174].

O voto condutor, exarado pelo Relator do caso, Desembargador Federal Contrim Guimarães é no sentido de que, não obstante a JUCESP esteja cumprindo decisão judicial do caso da ABIO, conforme alegou no caso e nas motivações da própria Deliberação, este fato não afasta a possibilidade de questionamento por terceiros, uma vez que o artigo 506 do Código de Processo Civil é expresso no sentido de que a sentença faz coisa julgada entre as partes, não prejudicando terceiros.

O Relator reforçou ainda que as sociedades de grande porte deverão obedecer às disposições da Lei nº 6.404/1976 somente relativas a elaboração e à escrituração das demonstrações financeiras, porque eventual a obrigatoriedade de publicação das demonstrações financeiras só faria sentido quando as sociedades participassem do mercado de capitais, o que não ocorreria em relação às impetrantes, por serem limitadas.

Por outro lado, o Desembargador Peixoto Junior pondera que não é possível separar os conceitos de elaboração e escrituração do conceito de publicação, porque deve se considerar que a lei tratou do gênero "disposições gerais de escrituração e elaboração", dentro do qual estaria a publicação.

Ora, se a lei fez tantas exigências com relação à elaboração e escrituração, tais como clareza, não utilização de designações genéricas e notas explicativas, não faria sentido deixar de lado interesses relativos a transparência dos negócios desprotegidos.

Ele ainda observa que o legislador optou por tratar das demonstrações financeiras com duas divisões sendo uma com as disposições gerais, onde se encontraria a determinação de publicação e as subsequentes, mais específicas, que tratam de escrituração e elaboração[175], razão pela

---

[174] Cf. BRASIL. Tribunal Regional Federal da 3ª Região. 2ª Turma. **Apelação Cível de nº 0010359-95.2015.4.03.6100. Apelante: Junta Comercial do Estado de São Paulo JUCESP. Apelada: Dow Agrosciences Sementes e Biotecnologia Brasil LTDA e outros.** Relator: Desembargador Federal Peixoto Júnior. São Paulo, 08 de agosto de 2017. Disponível em: http://web.trf3.jus.br/acordaos/Acordao/BuscarDocumentoGedpro/6319909>. Acesso em 31 de março de 2017.

[175] Seção II do Capítulo XV da Lei das S/A, que começa tratando das disposições gerais e em seguida se divide nas instruções para elaboração e escrituração das demonstrações financeiras.

qual o arbítrio do legislador na Lei nº 11.638/2007 não poderia retirar aquele tratamento já consolidado na Lei nº 6.404/1976.

O relator arremata com a opinião manifestada pelo Ministério Público Federal nos autos, para quem tal exigência mostra-se em consonância com a necessidade de transparência que deve nortear a condução dos negócios pelas sociedades, a fim de salvaguardar direitos de terceiros e dos sócios, inclusive. Do contrário, estar-se-ia incentivando o sigilo de operações societárias em prejuízo ao interesse público.

Por fim, o voto divergente é concluído no sentido de que a publicação deriva visceralmente do ato de elaborar e escriturar, feito por profissional capacitado, posto que de crucial interesse público, motivo pelo qual não haveria qualquer ampliação legal na Deliberação JUCESP nº 02/2015.

5. Projetos de Lei a Respeito da Publicação de Demonstrações Financeiras pelas Sociedades Limitadas

Vendo as repercussões causadas pela Lei nº 11.638/2007 na prática, o Legislativo, embora tenha reagido discretamente, não ficou inerte.

Para tratar da problemática do artigo 3º, foram escolhidos dois dos mais recentes Projetos de Lei que tramitaram no Congresso Nacional, sendo um deles de iniciativa do Senado Federal (Projeto de Lei nº 632 de 08 de novembro de 2015) e o outro da Câmara dos Deputados (Projeto de Lei nº 7.012 de 07 de março de 2017).

Além das proposituras mencionadas acima, foram analisados os dois Projetos de Lei que discutem, em paralelo, o novo Código Comercial, um em cada Casa do Congresso Nacional, Projeto de Lei nº 1.572 de 14 de junho de 2011 (Câmara dos Deputados) e Projeto de Lei nº 487 de 22 de novembro de 2013 (Senado Federal), os quais devem se encontrar até a aprovação final do novo Código.

5.1. Projeto de Lei nº 632, de 08 de Novembro de 2015

O Projeto de Lei nº 632 de 08 de novembro de 2015, de autoria do então Senador Valdir Raupp[176] – e que mais tarde viria se tornar o Pro-

---

[176] Cf. BRASIL. Congresso Nacional. Senado Federal. **Projeto de Lei 632 de 08 de novembro de 2015.** Altera a Lei nº 11.638, de 28 de dezembro de 2007, para prever a aplicação às

jeto de Lei de nº 8.237 de 2017[177] ao ser remetido para a Câmara dos Deputados, onde seria revisado, visava acrescentar ao artigo 3º da Lei nº 11.638/2007 um segundo parágrafo, que teria a seguinte redação:

> "§2º Aplicam-se também às sociedades de grande porte constituídas ou não sob a forma de sociedades por ações, as disposições da Lei 6.404, de 15 de dezembro de 1976, relativas à publicação de demonstrações financeiras".

A alteração sugeria a expressa inclusão do termo "publicação" à redação do artigo. A justificativa do senador era de que, embora aquela lei tenha proporcionado avanço inegável à contabilidade empresarial, ela acabou não prevendo a obrigatoriedade da publicação das demonstrações financeiras para as sociedades de grande porte, reconhecendo, portanto, que as limitadas e outras empresas constituídas por outros tipos societários poderiam optar por não realizar tal divulgação.

Na justificação, o Senador Valdir Raupp, ponderou ser "(...) extremamente relevante que a obrigação de publicação das demonstrações financeiras não decorra do tipo societário adotado pela empresa, mas sim do seu porte econômico, que indica de forma muito mais clara sua relevância para a sociedade brasileira"[178], para promover a transparência e publicidade empresarial dos grandes agentes econômicos, o que seria essencial ao bom funcionamento do mercado.

Em seguida, o projeto foi encaminhado à Comissão de Assuntos Econômicos do Senado Federal (CAE), para que, em decisão terminativa[179], o seu mérito fosse analisado.

---

sociedades de grande porte das regras de publicação dos balanços existentes na Lei das Sociedades Anônimas. Disponível em: < https://www25.senado.leg.br/web/atividade/materias/-/materia/123273>. Acesso em: 30 de outubro de 2017

[177] Cf. BRASIL. Congresso Nacional. Câmara dos Deputados. **Projeto de Lei 8.237 de 09 de agosto de 2017.** Altera a Lei nº 11.638, de 2007. Disponível em: < http://www.camara.gov.br/proposicoesWeb/fichadetramitacao?idProposicao=2147236>. Acesso em: 30 de junho de 2017.

[178] Cf. BRASIL. op. cit., disponível em: < https://www25.senado.leg.br/web/atividade/materias/-/materia/123273>. Acesso em: 30 de outubro de 2017.

[179] O site "Para entender Direito", vinculado à Folha de S. Paulo, traz uma boa explicação a respeito das decisões terminativas no âmbito do legislativo: "Decisão terminativa nada mais é do que quando uma comissão (permanente) toma uma decisão em lugar do plenário da casa na qual ela deveria ser votada. Em vez de ser uma mera recomendação, a votação da comissão passa a ter caráter decisório. Em casos de decisões de caráter terminativo, a decisão

Na comissão, a relatoria da minuta ficou a cargo do Senador Ricardo Ferraço[180] que, do ponto de vista formal, não observou nenhuma irregularidade, asseverando inclusive que o projeto não só era compatível com o ordenamento legal vigente, como também a alteração naqueles termos seria acertada.

Para tanto, o relator do Projeto na CAE trouxe dados estatísticos que afirmavam que mais de 200 (duzentas) das maiores empresas do Brasil estariam organizadas na forma de sociedades limitadas, logo, a depender do porte, a demonstração das suas contas seria de interesse público, não sendo a emissão de papeis ou participação no mercado de capitais determinantes para a caracterização daquele interesse sobre as sociedades.

O relator entendeu que era importante não confundir o interesse público com o interesse dos investidores, visto que as empresas de grande porte têm impactos relevantes sobre o meio-ambiente, arrecadação de impostos e outras políticas públicas.

Como exemplo, o Relator citou o incentivo a indústria automobilística que já recebeu muitos benefícios na forma de redução de Imposto sobre Produto Industrializado (IPI), benefícios públicos dos estados e proteção tarifária contra importados, bem como crédito subsidiado do Banco Nacional de Desenvolvimento Econômico e Social (BNDES).

Tudo isso sem a contrapartida do acesso público às demonstrações financeiras, impossibilitando a avaliação da efetividade daquelas medidas.

---

da comissão, assim como a do plenário, pode ser de aprovar, rejeitar ou emendar o projeto. Depois de votado pela comissão, o projeto não é enviado ao plenário, mas segue para a outra casa (se foi iniciado ou modificado na casa à qual a comissão pertence), para a sanção presidencial (se já havia sido aprovado pela outra casa) ou para o arquivo (se foi rejeitado pela comissão).

Contudo, se um décimo dos parlamentares daquela casa (9 senadores ou 54 deputados) exigir que o projeto seja levado ao plenário, a votação da comissão perde seu caráter terminativo e o projeto precisará ser votado pelo plenário da casa. O prazo para apresentarem tal pedido é de até 5 dias após a votação na comissão.

Do ponto de vista prático, o uso de decisões terminativas pelo Congresso serve, para entre outras coisas, evitar que um projeto fique parado porque a pauta do plenário está trancada por uma medida provisória esperando ser votada". Disponível em: <http://direito.folha.uol.com.br/blog/votao-terminativa-por-uma-comisso>. Acesso em 19 de junho de 2018.

[180] Cf. BRASIL. op. cit., disponível em: < https://www25.senado.leg.br/web/atividade/materias/-/materia/123273>. Acesso em: 30 de outubro de 2017.

Por fim, o relator argumenta que a publicação das Demonstrações Financeiras incentivaria, justamente, a abertura do capital das empresas – premissa marcante nas discussões do Projeto de Lei nº 3.741/2000.

Compreende, porém, que um grande obstáculo para esse passo seria os custos das publicações, motivo pelo qual sugeriu que o parágrafo 2º apresentasse a seguinte redação, no lugar da que havia na primeira minuta:

> "§2º As sociedades de grande porte que não sejam companhias abertas poderão atender a exigência de publicação prevista no *caput* com a divulgação de suas demonstrações financeiras de forma resumida **por meio de publicação em jornal de grande circulação editado na localidade em que está situada a sede da companhia, conforme §2º do art. 19 da Lei 13.043, de 13 de novembro de 2014,** e com divulgação na íntegra dos documentos nos sítios na rede mundial de computadores da Comissão de Valores Mobiliários e da própria empresa" (destacou-se)

A remissão ao artigo 19 da Lei nº 13.043, de 13 de novembro de 2014[181] no substitutivo do Projeto é por entender que, nos termos dessa norma, a melhor maneira de se disponibilizar as demonstrações financeiras das sociedades seria pela *internet*, pois seria possível ter acesso ao histórico de informações com mais facilidade e em formatos mais adequados.

Feitas as alterações e aprovado o substitutivo do relator da Comissão, o Projeto foi encaminhado à Câmara dos Deputados para revisão. Chegando à Comissão de Desenvolvimento Econômico, Indústria, Comércio e Serviços daquela Casa.

O Projeto, então assumindo o número 8.237, teve a relatoria do Deputado Lucas Vergilio[182] que entendeu que, na forma como está posta a norma na Lei nº 11.638/2007, as sociedades de grande porte estão desobrigadas a publicar suas demonstrações financeiras seja nos diários oficiais, seja nos periódicos de grande circulação.

---

[181] Art. 19. As publicações ordenadas pela Lei nº 6.404, de 15 de dezembro de 1976, das companhias que atendam aos requisitos estabelecidos no art. 16 serão feitas por meio do sítio na internet da Comissão de Valores Mobiliários e da entidade administradora do mercado em que as ações da companhia estiverem admitidas à negociação.

[182] Cf. Brasil. op. cit., disponível em: < http://www.camara.gov.br/proposicoesWeb/fichadetramitacao?idProposicao=2147236>. Acesso em: 30 de junho de 2017.

Embora a proposta tivesse como objetivo reduzir custos em função do uso da publicação pela rede mundial de computadores, ela ainda determinava a publicação em jornais de grande circulação, o que não baratearia de maneira substancial os custos com a divulgação das demonstrações financeiras.

O Relator da Câmara ainda afirmou que se a mera manutenção da obrigatoriedade padrão de publicar suas demonstrações financeiras em diários oficiais e em periódicos impressos, já seria algo arcaico e passível de críticas no tocante às sociedades anônimas, não faria sentido impor obrigações desse tipo a sociedades que estariam desobrigadas nos termos da Lei nº 11.638/2007.

Além disso, se considerado o contexto de recessão econômica do Brasil – que à época do Projeto havia apresentado ligeiros sinais de recuperação – não se poderia criar obrigações que comprometessem as receitas das sociedades, independentemente do seu tipo societário, fossem elas de grande ou pequeno porte.

5.2. Projeto de Lei nº 7.012 de 07 de Março de 2017

Para justificar o Projeto de Lei, o autor da minuta, Deputado Cabo Sabino, expôs o seu entendimento no mesmo sentido de Modesto Carvalhosa[183], figura importante na tramitação do Projeto de Lei nº 3.741/2000 pois atuou como consultor jurídico da ABIO à época da tramitação das propostas de alteração que vieram a se tornar a Lei nº 11.638/2007.

O deputado cita o jurista ao dizer que o artigo 3º daquela lei nasceu para sanar uma anomalia trazida pelas empresas multinacionais que, a partir dos anos 80 do século passado, foram quase todas convertidas em limitadas, a despeito da dimensão que ostentavam, justamente para se esquivar da publicação de suas demonstrações financeiras.

Já conforme sua convicção pessoal[184], o deputado afirmou ser impressionante que, em pleno século XXI, as demonstrações financeiras das sociedades de grande porte ainda não estivessem sendo publicadas,

---

[183] Cf. BRASIL. Congresso Nacional. Câmara dos Deputados. **Projeto de Lei 7.012 de 07 de março de 2017.** Altera a Lei nº 11.638, de 2007. Disponível em:< http://www.camara.gov.br/proposicoesWeb/fichadetramitacao?idProposicao=2124577>. Acesso em: 30 de junho de 2017.

[184] Ibidem.

exceto em decorrência de decisões judiciais ou de determinações emitidas pelas juntas comerciais do país.

Para ele, num contexto em que cada vez mais se exige transparência, ao utilizar o termo "divulgação", a ementa deixa bastante claro que a intenção do legislador foi de estender às grandes sociedades ou conglomerados a obrigatoriedade de publicação exigida às sociedades anônimas.

Não obstante sua posição, o deputado reconheceu que o fato do artigo 3º da lei não expressar os termos "publicação" ou "divulgação", assim como na ementa da lei, causou um embate no Poder Judiciário capitaneado por dois processos judiciais, os casos da ABIO e da CIESP, já tratados neste estudo, e que contrapõem visões diferentes da interpretação legal.

Por isso, o autor da minuta entendeu que caberia ao Poder Legislativo resolver essa controvérsia, mediante alteração legal, já que não considerava razoável grandes conglomerados utilizarem "modelos societários típicos de sociedades de menor porte" para usufruir da possibilidade de não publicação das suas demonstrações financeiras, uma vez que a seu ver seria crucial assegurar a ampla transparência do ambiente de mercado.

Pelos motivos expostos, o Deputado Cabo Sabino, apresentou o Projeto com os seguintes termos, inclusive reforçando no próprio texto da minuta (artigo 1º) que ela estenderia às sociedades de grande porte disposições relativas à publicação e divulgação de demonstrações financeiras[185]:

> "Art. 1º Esta Lei estende às sociedades de grande porte disposições relativas à publicação e divulgação de demonstrações financeiras.
> Art. 2º O caput do art. 3º da Lei nº 11.638, de 28 de dezembro de 2007, passa a vigorar com a seguinte redação:
> 'Art. 3º Aplicam-se às sociedades de grande porte, ainda que não constituídas sob a forma de sociedades por ações, as disposições da Lei nº 6.404, de 15 de dezembro de 1976, sobre escrituração, elaboração e publicação de demonstrações financeiras e a obrigatoriedade de auditoria independente por auditor registrado na Comissão de Valores Mobiliários.
> ....' (NR)

[185] Ibidem.

Art. 3º Esta Lei entra em vigor no primeiro dia do ano seguinte ao de sua publicação oficial."

Ao chegar à comissão de Desenvolvimento Econômico, Indústria, Comércio e Serviços (CDEICS), o Projeto de Lei nº 7.012 de 2017, o Deputado Mauro Pereira sugeriu que fosse feita a seguinte emenda[186]:

"Art. 3º..(omissis)
§ 1º..(omissis)
§ 2º Em se tratando de sociedades limitadas de grande porte, **será aplicado o disposto nos §§ 1º a 3º do art. 19 da Lei nº 13.043, de 13 de novembro de 2014, exclusivamente no que tange à forma de publicação.**" (destacou-se)

O deputado sugeriu ainda que as publicações seguissem as regras dos parágrafos 1º ao 3º, do artigo 19 da Lei nº 13.043/2014, no que tange à forma de publicação.

Segundo sua justificação, o preâmbulo da Lei nº 11.638/2007 causava dúvidas quanto a aplicação do artigo 3º da mesma lei, porém, de acordo com ele, "é consabido que as publicações legais dos atos informativos ou de gestão de empresas atendem a princípios indisponíveis de publicidade, transparência, confiabilidade e segurança".

Portanto, para as limitadas, especificamente, esta imposição faria sentido por estar de acordo com os padrões das empresas que se enquadram no artigo 16 da Lei nº 13.043/2014, apesar de a redação da alteração legal não contemplar o paralelo sugerido.

Já que as disposições do artigo 19 da Lei nº 13.043/2014 sugerem a utilização de uma pluralidade de meios de divulgação de atos de gestão e indicadores de desempenho, a exemplo da publicação resumida em jornal e a simultânea divulgação das demonstrações integrais via *internet*.

O deputado sustentou ainda que a obrigação de publicar as demonstrações financeiras não deveria estar atrelada ao tipo societário e que a publicação na rede mundial de computadores seria complementar às publicações em jornal, uma vez que enquanto estas trazem segurança e confiabilidade, aquela promove disseminação e transparência.

[186] Ibid.

Por fim, no Projeto de Lei nº 7.012 a Relatoria coube, novamente ao Deputado Lucas Vergílio[187], que também foi relator do Projeto nº 8.237/2017, versão da Câmara dos Deputados do Projeto de Lei 632/15 do Senado, que visava a reforma do mesmo artigo.

Ele votou pela rejeição da alteração do artigo 3º da Lei nº 11.638/07 ao reconhecer, mais uma vez, que a Lei não obriga às sociedades limitadas de grande porte a realizarem publicações das demonstrações financeiras.

A sua justificativa foi o fato dessa regra não estar expressa no artigo, o que eventualmente iria contrariar a própria natureza das sociedades constituídas sob aquele tipo societário, porque a publicidade só se justificaria pela ausência de vínculo pessoal entre a sociedade e seus sócios.

No caso das sociedades por ações, muitas vezes os acionistas sequer têm acesso à administração, assim as publicações trazem transparência e visibilidade aos seus atos.

Portanto, impor esse óbice a quaisquer outros tipos societários só iria acarretar em mais custos e burocracia, dificultando o crescimento econômico e a expansão dos negócios no Brasil.

5.3. Projeto de Lei nº 1.572, de 14 de Junho de 2011

De acordo com o então Deputado Vicente Cândido[188], parlamentar responsável pela apresentação do Projeto do novo Código Comercial na Câmara dos Deputados, a proposta de renovação do Código Comercial vigente, Lei nº 556 de 25 de junho de 1850, é necessária não só pelo fato da lei estar incompatível com a realidade atual, mas também em razão da dispersão da matéria comercial em leis esparsas.

Nesse sentido descreveu os três principais objetivos da propositura como sendo: (i) a reunião do direito comercial num único diploma legal, a fim de garantir sistematicidade à matéria; (ii) a simplificação das normas sobre a atividade econômica, facilitando o cotidiano dos empresários brasileiros; e (iii) a superação da lacuna de preceitos legais que

---

[187] Ibid.
[188] Cf. BRASIL. Congresso Nacional. Câmara dos Deputados. **Projeto de Lei 1.572 de 14 de junho de 2011**. Institui o Código Comercial. Disponível em:< http:// www.camara.gov.br/proposicoesWeb/fichadetramitacao?idProposicao=508884>. Acesso em: 15 de janeiro de 2019.

confiram inquestionável validade, eficácia e executividade à documentação eletrônica.

O último objetivo é o que mais se relaciona com este estudo, já que as publicações das demonstrações financeiras, quando necessárias, devem ser feitas em jornais de grande circulação e em diários oficiais estaduais, distrital e da união.

Sendo assim, foram analisadas as discussões a respeito das sociedades de grande porte e eventuais obrigações de publicação de demonstrações financeiras e já na primeira minuta apresentada pelo Deputado Vicente Cândido[189], o artigo 36 sugeria a publicação obrigatória das demonstrações contábeis pelas sociedades empresárias de grande porte nos veículos eletrônicos do Diário Oficial e de jornal de grande circulação.

Importante destacar que foi criada uma Comissão Especial destinada a proferir parecer ao Projeto de Lei e nela foram designados um relator geral e substituto e mais quatro relatores parciais.

No relatório parcial do Deputado Antônio Balhmann[190] que trata dos livros IV e V também se vê um indício do terceiro objetivo da propositura, uma vez que o substitutivo do Relator-Parcial determina que as publicações de demonstrações contábeis da sociedade que explora empresa em regime fiduciário, poderão ser atendidas mediante a sua disponibilização exclusivamente em veículos eletrônicos. Disposição acatada pelo Relator-Geral em seu parecer e projeto substitutivo.

Contudo, a primeira versão do parecer do Relator-Geral[191], o projeto não contemplava a questão da publicação das demonstrações financeiras por sociedades de grande porte, tendo suprimido a versão original sem tratar do assunto.

Porém, em complementação de voto, o Deputado Paes Landim propôs a inserção do seguinte artigo:

"Art. 65. O empresário individual e a sociedade são obrigados a elaborar demonstrações contábeis (demonstrações financeiras) periódicas que sintetizem a escrituração.

§ 1º. As demonstrações contábeis devem ser elaboradas com base na escrituração do empresário.

---

[189] Ibidem.
[190] Ibid.
[191] Ibid.

§ 2º. Sempre que exigida a publicação de demonstração contábil, independentemente de seu suporte, ela será realizada em sistema eletrônico provido pelo Registro Público de Empresas ou mediante inserção na versão eletrônica do Diário Oficial da União ou dos Estados ou de veículos de grande circulação, assegurada a ampla divulgação e o acesso imediato às informações." (destacou-se)

Nesse caso, nota-se que, ao contrário do que ocorreu no Projeto de Lei nº 3.741/2000, que deu origem à Lei nº 11.638/2007, o Relator apresentou alternativas às sociedades para a realização de suas publicações.

Veja que o artigo proposto infere na criação de um sistema provido pelo Registro Público de Empresas para publicações *online* e também diz que elas poderão ser inseridas na versão eletrônica do Diário Oficial da União ou dos Estados ou de veículos de grande circulação.

Além disso, em nova complementação de voto[192], o Relator-Geral também contempla as sociedades por ações com a publicação de demonstração contábil por meio eletrônico, forma do proposto artigo 213, que reproduz as disposições contidas nos artigos 1.088 e 1.089 do Código Civil, acrescentando, segundo o Relator, medidas de redução custo da atividade empresarial:

"Art. 213. Na sociedade anônima ou companhia, o capital social divide-se em ações, obrigando-se cada sócio ou acionista somente pelo preço de emissão das ações que subscrever ou adquirir.

§ 1º. A sociedade anônima rege-se por lei especial, aplicando-se-lhe, nos casos omissos, as disposições deste Código.

§ 2º. São aplicáveis à sociedade anônima as disposições deste Código relativas à:

I – publicação de demonstração contábil por meio eletrônico (artigo 65, § 2º);

[...]"

Os parágrafos primeiro e segundo do proposto artigo 213, portanto, serviriam para complementar a norma do artigo 289 da Lei nº 6.404/1976, em clara intenção de preservar o microssistema das companhias.

[192] Ibidem.

O assunto a respeito da publicação das demonstrações financeiras relacionada à Lei 11.638/2007 surge no voto em separado ao substitutivo do Relator-Geral do Deputado Augusto Coutinho[193], que propõe que o Capítulo IV (Das demais disposições) contenha artigo que corrija a ementa daquela lei, suprimindo a palavra "divulgação":

> "Art. 778. As sociedades limitadas de grande porte não estão obrigadas a publicarem as demonstrações financeiras. Parágrafo único. Corrige-se, em decorrência do disposto no caput deste artigo, a ementa da Lei nº 11.638, de 28 de dezembro de 2007, que passa a vigorar com a seguinte redação: 'Altera e revoga dispositivos da Lei nº 6.404, de 15 de dezembro de 1976, e da Lei nº 6.385, de 7 de dezembro de 1976, e estende às sociedades de grande porte disposições relativas à elaboração das demonstrações financeiras'".

Nesse exemplo, nota-se que a discussão do novo Código Comercial no âmbito da Câmara dos Deputados vai na contramão de outros projetos de lei que pretendiam ratificar a publicação das demonstrações financeiras por sociedades de grande porte, ainda que não constituídas sob a forma de sociedades por ações, mediante a inclusão do termo "publicação" no artigo 3º da Lei nº 11.638/2007, a exemplo do Projeto de Lei nº 7.012/2017[194].

Interessante notar também, o voto em separado do Deputado Alessandro Molon[195] pela rejeição de um novo Código Comercial, em detrimento da criação de uma lei específica para as sociedades limitadas em razão da sua importância econômica na realidade brasileira.

Segundo o parlamentar, o Projeto de Lei nº 1.572/2011 busca introduzir um novo código com boa parte dos artigos já existentes na Lei das S.A., mas com revisão dos preceitos aplicáveis às limitadas.

Logo, como a publicação das demonstrações financeiras é um preceito de sociedade anônima que vem sendo aplicado as sociedades limitadas de grande porte, o Deputado demonstrou ser expressamente contra a realização das publicações, inserindo em seu projeto substitutivo a seguinte disposição:

---

[193] Ibid.
[194] Vide item 5.2.
[195] Op. cit. BRASIL. Congresso Nacional, 2011.

"Art. 21. A assembleia ou reunião dos sócios deve realizar-se ao menos uma vez por ano, nos quatro meses seguintes ao término do exercício social, com o objetivo de:
[...]
§ 4º Não se aplicam às sociedades limitadas, inclusive às de grande porte, as disposições sobre publicações das demonstrações financeiras ou demais documentos da Lei nº 6.404, de 15 de dezembro de 1976." (destacou-se)

Por conseguinte, o dispositivo encerraria a celeuma em torno das publicações para sociedades limitadas de grande porte. Entretanto, o Projeto de Lei continua em tramitação e certamente ainda haverá muita discussão sobre este assunto.

5.4. Projeto de Lei nº 487, de 22 de Novembro de 2013

A tramitação do Código Comercial no Senado teve início com o Ato do Presidente nº 13 de 2 de maio de 2013, de autoria do Senador Renan Calheiros, que à época ocupava a presidência da Casa[196].

Referido Ato instituía uma Comissão de Juristas para a elaboração do anteprojeto destinado a substituir a Lei nº 556 de 25 de junho de 1850, o Código Comercial em vigência.

De acordo com a Comissão, o objetivo do anteprojeto era ajustar a disciplina jurídica em vigor às necessidades da dinâmica economia brasileira da atualidade, de modo a eliminar as exigências burocráticas desnecessárias, atualizar as normas vencidas pelo temo e preencher as lacunas existentes com as regras adequadas[197].

Logo, os trabalhos pautaram-se em cinco eixos principais: (i) ampliação da segurança jurídica; (ii) modernização da legislação empresarial; (iii) fortalecimento das normas consuetudinárias e de autorregulação; (iv) simplificação e desburocratização da vida empresarial; e a (v) melhoria do ambiente de negócios no Brasil[198].

---

[196] Cf. BRASIL. Congresso Nacional. Senado Federal. **Ato do Presidente do Senado Federal nº 13, de 2013**. Institui Comissão de Juristas responsável pela elaboração de anteprojeto do novo Código Comercial. Disponível em:< https://www25.senado.leg.br/web/atividade/materias/-/materia/112508>. Acesso em: 15 de janeiro de 2019.
[197] Ibidem.
[198] Ibid.

Tendo por base esses eixos, o anteprojeto não poderia deixar de tratar das sociedades de grande porte e da publicação de suas referidas demonstrações financeiras, assunto que se relaciona com todos os itens acima descritos, sobretudo com a modernização da legislação e a desburocratização da vida empresarial.

O tema é tratado na Parte Complementar do Anteprojeto, onde estão as disposições finais e transitórias, por meio de regra geral, que condiciona a obrigação de publicar suas demonstrações contábeis em meio eletrônico de grande circulação à ausência de arquivamento daquelas no Registro Público de Empresas, presente no *caput* do artigo 1.089[199]:

> "Art. 1.089. As sociedades limitadas de grande porte que não arquivarem suas demonstrações contábeis no Registro Público de Empresas são obrigadas a publicá-las em meio eletrônico de grande circulação.
>
> [...]"

Em seguida, o que se vê nos parágrafos do artigo 1.089 são as regras que disciplinam uma prerrogativa na qual as sociedades limitadas de grande porte podem ser dispensadas da regra geral:

> "[...]
>
> § 1º. As sociedades limitadas de grande porte estão dispensadas da exigência mencionada no caput deste artigo se publicarem as demonstrações contábeis legalmente exigidas em sítio mantido na rede mundial de computadores, com endereço de domínio claramente relacionado ao nome empresarial inscrito no Registro Público de Empresas e acessível a qualquer interessado sem restrições.
>
> § 2º. Para valer-se da prerrogativa de que trata o parágrafo anterior, a sociedade de grande porte deve arquivar no Registro Público de Empresas o seu endereço eletrônico em regular funcionamento, com pelo menos seis meses de antecedência da data das demonstrações contábeis; e
>
> § 3º. Todas as demonstrações contábeis publicadas na forma dos parágrafos anteriores deverão permanecer acessíveis por, pelo menos, cinco anos.
>
> § 4º. Caso as demonstrações contábeis sejam retiradas do seu sítio, ou este seja desativado em prazo inferior ao previsto no parágrafo antecedente, a sociedade de grande porte deverá publicar as demonstrações nos veículos mencionados no caput deste artigo."

[199] Ibid.

Pela redação dos parágrafos, se entende que as sociedades limitadas de grande porte têm a opção de apenas registrar as demonstrações contábeis (*caput*) ou manter um endereço de domínio claramente relacionado ao nome empresarial e devidamente registrado no Registro Público de Empresas, dentro dos seis meses anteriores à data das demonstrações financeiras, devendo permanecer acessíveis por, pelo menos cinco anos (parágrafos 1º, 2º e 3º).

Contudo, caso a sociedade não tenha eventualmente *site* próprio ou este seja desativado em prazo inferior ao de cinco anos, ela deverá realizar a publicação de suas demonstrações contábeis em outro meio eletrônico de grande circulação.

Sobre demonstrações contábeis, o anteprojeto define, de acordo com seu artigo 141, que são de elaboração obrigatória o balanço patrimonial e o balanço de demonstração de resultado, o parágrafo único faz a ressalva de que o artigo não se aplica as sociedades de grande porte[200]:

"Art. 141. São demonstrações contábeis de elaboração obrigatória:

I – o balanço patrimonial; e

II – o balanço de demonstração de resultado.

Parágrafo único. Este artigo não se aplica aos seguintes empresários, sujeitos à legislação própria:

I – microempreendedor individual, microempresário e empresário de pequeno porte;

II – sociedade de grande porte; e

III – sociedade anônima."

Portanto, é importante notar que o anteprojeto apresentado pela Comissão de Juristas distingue claramente a elaboração das demonstrações contábeis da sua publicação, não entendo uma como elemento da outra.

Isto porque a minuta expressa que as demonstrações contábeis de elaboração obrigatória do artigo 141 não se aplicam às sociedades de grande porte (pois sujeitas a regime de elaboração mais completo em legislação própria) e, conjuntamente, no artigo 1.089, estabelece os requisitos para que haja publicação ou não de suas demonstrações contábeis.

---

[200] Ibidem.

Após a apresentação do Projeto, em 22 de novembro de 2013, foi instalada uma Comissão Temporária para Reforma do Código Comercial.

Esta nova Comissão era composta por Senadores, os quais promoveram debates, convocaram audiências públicas e realizaram emendas ao anteprojeto original, até que em 20 de setembro de 2018, o Senador Pedro Chaves apresentou a primeira versão do seu Relatório Legislativo do Projeto[201].

Embora o substitutivo do Relator ao Projeto de Lei nº 487/2013 tenha sofrido alterações até a sua convalidação em Parecer da Comissão, em 11 de dezembro de 2018, concluindo pela aprovação do Projeto, o tratamento as sociedades limitadas de grande porte e às suas publicações não sofreu qualquer modificação[202].

De maneira geral, o Relator concluiu que não há qualquer rompimento teórico com o regime do Código Civil de 2002, mas complementação de conceitos e mais proteção aos microempresários e empresários de pequeno porte, especialmente nas relações jurídicas com empresários de maior porte[203].

A conclusão do Relator, contudo, não foi incontestes, uma vez que Associação Brasileira das Companhias Abertas (ABRASCA) apresentou ofício ao Senado expondo seu posicionamento contrário.

A ABRASCA argumentou que embora busque modernizar o direito empresarial, o Projeto traz uma visão totalizante e antiquada, típica do final do Século XIX, sugerindo que os pontos positivos, como o tratamento as sociedades limitadas, poderiam ser apartados e tornarem-se objeto de leis específicas[204].

Nada obstante, o Projeto seguiu para deliberação Plenário onde aguarda inclusão em Ordem do Dia.

---

[201] Cf. BRASIL. Congresso Nacional. Senado Federal. **Projeto de Lei nº 487 de 22 de novembro de 2013**. Reforma o Código Comercial. Disponível em:< https://www25.senado.leg.br/web/atividade/materias/-/materia/115437>. Acesso em: 15 de janeiro de 2019.
[202] Ibidem.
[203] Ibid.
[204] Ibid.

6. Doutrina Acerca da Publicação das Demonstrações Financeiras

6.1. Contrária

Para Francisco Antunes Maciel Müssnich e Fábio Henrique Peres[205] o artigo 3º da Lei nº 11.638/2007, é fronteira intransponível ao intérprete, não lhe sendo facultado extrair da lei alcance que não se encontra abarcado pela sua redação, criando deveres jurídicos onde a norma nitidamente não os previu.

De acordo com os autores, as sociedades de grande porte não se eximem do dever legal de elaboração das demonstrações financeiras, como prescreve o artigo 176 da Lei nº 6.404/1976.

Entretanto, lhes é claro que não há obrigação das sociedades de grande porte de publicar demonstrações financeiras, pois a letra da Lei nº 11.638/2007 é elemento incontornável que não admite ampliação da norma.

Motivo pelo qual quem defende as publicações busca refúgio na interpretação sistemática, com fundamento em três premissas: (i) a aplicação do artigo 176, parágrafo 1º, da Lei nº 6.404/1976; (ii) o argumento de não haver lei ou norma legal inútil, ainda que parcialmente; e (iii) a referência à ementa da Lei nº 11.638/2007.

Na primeira premissa, os autores explicam que a norma do artigo 176 não é a que obriga as sociedades a publicarem suas demonstrações

---

[205] Cf. Müssnich, Francisco Antunes Maciel e Peres, Fábio Henrique. op. cit. p. 122-131.

financeiras, tal função caberia ao parágrafo 3º do artigo 133, servindo o parágrafo 1º do artigo 176 apenas como orientação a ser seguida quando o ato for imperativo (caso das sociedades anônimas, apenas).

Quanto à segunda, os autores expõem que quem a defende interpreta no verbo "elaborar" o dever de publicar, contudo, na própria Lei nº 6.404/1976 existe previsão expressa de sociedades que são obrigadas a elaborar suas demonstrações financeiras sem terem de publicá-las[206].

Já para refutar a terceira premissa, Müssnich e Peres invocam o artigo 3º da Lei Complementar nº 95/1998 que determina que as leis serão estruturadas numa parte preliminar, que inclui a ementa, e noutra normativa, compreendendo o conteúdo substantivo da matéria regulada, portanto, apesar do termo "divulgação" figurar na ementa, em nada acrescenta ao teor normativo da lei.

Destarte, notando uma tendência legislativa que acabava por tornar a condução dos negócios cada vez mais burocrática e custosa, as limitadas seriam o tipo societário mais afetado pela inovação legal.

Porquanto, ao fazer uma interpretação histórica do Projeto, os autores verificaram que a obrigação de publicar, de fato, esteve presente nas minutas da tramitação, porém, passadas pelo crivo de várias comissões, foi sendo suprimida até que não houvesse qualquer dever imposto[207].

---

[206] Art. 294. A companhia fechada que tiver menos de vinte acionistas, com patrimônio líquido inferior a R$ 1.000.000,00 (um milhão de reais), poderá:
I – convocar assembléia-geral por anúncio entregue a todos os acionistas, contra-recibo, com a antecedência prevista no artigo 124; e
II – deixar de publicar os documentos de que trata o artigo 133, desde que sejam, por cópias autenticadas, arquivados no registro de comércio juntamente com a ata da assembléia que sobre eles deliberar.
§ 1º A companhia deverá guardar os recibos de entrega dos anúncios de convocação e arquivar no registro de comércio, juntamente com a ata da assembléia, cópia autenticada dos mesmos.
§ 2º Nas companhias de que trata este artigo, o pagamento da participação dos administradores poderá ser feito sem observância do disposto no § 2º do artigo 152, desde que aprovada pela unanimidade dos acionistas.
§ 3º O disposto neste artigo não se aplica à companhia controladora de grupo de sociedade, ou a ela filiadas.

[207] Neste caso, com o devido respeito, os autores fizeram uma análise superficial do Projeto de Lei, visto que em nenhum momento a intenção real dos parlamentares era de se retirar a obrigatoriedade da publicação das demonstrações financeiras por sociedades de grande porte, o fato é que houve um descuido do legislador na redação legal porque a eles estavam

Logo, os autores sustentam que as limitadas que publicam suas demonstrações, o fazem por ato voluntário, motivo que torna desnecessária a observância ao artigo 289 da Lei das S.A., podendo, inclusive, publicá-las na rede mundial de computadores e em jornais de pequena circulação.

Ao contrário da manifestação da CVM no Comunicado de 14 de janeiro de 2008 que também reconheceu a ausência de obrigação de publicar as demonstrações financeiras por parte das sociedades de grande porte não revestidas da forma de sociedades anônimas, mas indicou que se o fizessem voluntariamente, teriam de obedecer aos ditames da Lei nº 11.638/2007 e da Lei nº 6.404/1976.

Syllas Tozzini e Renato Berger[208], analisando o estado atual da Lei nº 11.638/2007, tratam eventual obrigatoriedade das sociedades limitadas em publicar suas demonstrações financeiras, como mais uma "lenda" no direito societário brasileiro, isto sem entrar no mérito do desempenho econômico-financeiro que eventual obrigação poderia acarretar.

Eles relatam que o projeto aprovado foi modificado com a exclusão expressa das regras de publicação; logo não se aplicam às sociedades de grande porte não constituídas sob a forma de sociedade por ações, independentemente de qualquer outro tipo societário que adotem, quaisquer regras da Lei das S.A. sobre a publicação das demonstrações financeiras[209].

Por conseguinte, as sociedades limitadas permaneceriam submetidas às regras de publicação do Código Civil que indica expressamente alguns poucos atos cuja publicação lhes é obrigatória, como a redução de capital excessivo em relação ao objeto social e as operações de fusão, cisão e incorporação, cabendo-lhes divulgar as demonstrações financeiras de modo particular, como no exemplo dos bancos que solicitam este documento a fim de realizar análise de crédito.

---

discutindo a importância de se publicar nos diários oficiais e não só na *internet*, sendo que o que seria para retirar somente a parte que mencionava a rede mundial de computadores, acabou comprometendo a determinação de publicação em diários oficiais e em jornais de grande circulação. Para mais informações ver os detalhes sobre a tramitação no capítulo 3 deste estudo.

[208] Cf. Tozzini, Syllas e Berger, Renato. **As limitadas e a Publicação de balanços.** Originalmente publicado no Jornal Valor Econômico do dia 22 de janeiro de 2008. Disponível em:<http://noticiasfiscais.com.br/2008/01/page/5/>. Acesso em 21 de junho de 2018.

[209] Notadamente os artigos 133, §3º; 176, §1º e o artigo 289.

Já Fábio Ulhoa Coelho[210], ao interpretar o artigo 3º da Lei nº 11.638/07 de modo similar aos autores citados anteriormente, afirma que as demonstrações financeiras das sociedades de grande porte, devem se limitar a adotar o regime de competência na escrituração mercantil, levantar as mesmas demonstrações financeiras exigidas para as sociedades anônimas fechadas e serem submetidas à auditoria independente. Excetuadas essas obrigações, as sociedades limitadas continuam sujeitas rigorosamente ao Código Civil, em primeiro lugar, porque ainda que conste na ementa o termo "divulgação", ela não abriga nenhuma norma autônoma, pois o preâmbulo se destina a sintetizar o conteúdo normativo dos dispositivos legais. Ademais, a regra da ampla publicidade das demonstrações financeiras é inerente às sociedades anônimas, seja por meio da publicação em jornal, seja pelo registro na Junta Comercial, quando aquela for dispensada, conforme a redação dos artigos 289 e 294 da Lei das S.A.

Quanto ao processo legislativo, Ulhoa afirma categoricamente que os congressistas conscientemente subtraíram do projeto de lei originário a obrigatoriedade da publicação das demonstrações financeiras das sociedades grande porte.

No entanto falharam ao esquecer de suprimir a referência da divulgação na ementa, o que poderia induzir ao argumento de que a consciente supressão da exigência de publicação seria fator relevante para a interpretação das normas dispositivas no sentido das sociedades de grande porte estarem dispensadas de tal formalidade[211].

Mas, para ele, quando se trata de propor uma interpretação diversa da norma legal, não se admite sopesar os eventos havidos na tramitação do projeto de lei, pois "se o legislador quis dizer algo e disse diferente,

---

[210] Cf. COELHO. Fábio Ulhoa. **Regime Jurídico da Contabilidade Empresarial**. Disponível em: <https://ww2.stj.jus.br/publicacaoinstitucional/index.php/dout20anos/article/view/3441>. Acesso em 10 de junho de 2018.

[211] Neste ponto ousa-se discordar da afirmação do Professor Fábio Ulhoa Coelho. Como pode se observar do Capítulo 3, houve um descuido por parte dos legisladores ao final da tramitação do projeto. É aceitável admitir que não há obrigatoriedade de publicação para as sociedades de grande porte, porque a letra da lei não confere esse dever, contudo, pela análise do Projeto de Lei 3.741/2000, não se pode dizer que a intenção era retirar a obrigação de publicação para as demais sociedades de grande porte ainda que não revestidas sob a forma de sociedade por ações.

vigora o que disse e não o que pretendia dizer – é postulado indispensável para a segurança jurídica".

Contudo, se o objetivo é o oposto, vale dizer, confirmar e reforçar o que prescreve a norma legal, a história da tramitação do projeto será eventualmente oportuna e valiosa, o que não seria o caso.

José Gabriel Assis de Almeida[212] atribui à tramitação longa e tumultuada do Projeto de Lei nº 3.741/2000 a polêmica das publicações por sociedades limitadas de grande porte, mas pondera que é princípio básico do direito brasileiro a interpretação restrita para normas que impõem obrigações ou deveres.

Além da própria ausência do termo "publicação" no artigo 3º, o autor considera que, quanto a aplicação da norma de maneira sistemática e extensiva, o artigo 176 da Lei das S.A. não existe para determinar que as demonstrações financeiras sejam publicadas. Esta função cabe ao artigo 133 da mesma Lei, cujo parágrafo 1º sequer foi modificado pela Lei nº 11.638/2007, embora faça menção à publicação.

Assis de Almeida sustenta ainda não haver lógica na exigência de publicação, uma vez que a sociedade limitada não pode, por essência, fazer apelo à poupança popular. Se assim o fizer, quando eventualmente se tornar uma sociedade por ações e realizar uma oferta pública, a auditoria irá informar sobre o passado da sociedade.

Erasmo Valladão e Novaes França e Marcelo Vieira Von Adamek[213] reiteram que mesmo se quisessem dar relevância ao processo legislativo, dever-se-á considerar a supressão da norma de publicação, que em princípio, estava expressa.

Quanto ao fato de na ementa constar o termo "divulgação" é de se considerar que a Lei é duplamente imperfeita, tanto por tratar de disciplina inexistente, quanto por omitir a menção à escrituração, no seu objeto, uma vez que a publicação é matéria de regência própria, não integrando os atos de elaboração e escrituração.

---

[212] Cf. ALMEIDA. José Gabriel de Assis. **A Lei 11.638/07 e as Sociedades Limitadas** in ROCHA, Sergio André. Direito Tributário Societário e a Reforma da Lei das S/A – Volume 1 – Capítulo XI. p. 214-231.

[213] FRANÇA, Erasmo Valladão Azevedo Novaes e VON ADAMEK, Marcelo Vieira. **Sociedades de Grande Porte (Lei 11.638/2007, art. 3º)** in FRANÇA, Erasmo Valladão Azevedo Novaes (coord.). Temas de direito societário, falimentar e teoria da empresa. São Paulo: 2009, p. 119-144.

Referidos professores ainda concluem que "Tivesse o legislador prescrito a aplicação da disciplina prevista em certo capítulo da lei, ou de tais e quais de seus artigos ou, ainda, das regras de 'publicação', a solução poderia ser diferente"[214].

Logo, tampouco há falar em obrigatoriedade de publicação das demonstrações financeiras das limitadas de grande porte que se submetam ao regime supletivo da Lei das S.A., conforme o artigo 1.053 do Código Civil, pois força a reconhecer que as publicações deveriam ser obrigatórias desde a entrada em vigor do Código Civil, em 2003.

Contudo, os autores fazem a ressalva de que a obrigação pode decorrer da especificidade do seu tipo societário (o que ocorre com as sociedades por ações) ou em razão de atividade praticada pela sociedade, caso das concessionárias de serviço público nos termos do artigo 23, inciso XIV, da Lei nº 8.987 de 13 de fevereiro de 1985.

Vale a pena conferir na íntegra a conclusão destes autores, uma vez que traz uma perspectiva geral dos posicionamentos até aqui apresentados[215]:

> "Em contrapartida, se a intenção do legislador foi, mesmo, criar ou ampliar as regras de um regime próprio para as sociedades de grande porte, para assim tutlerar o mercado e outros grupos de interesse, não há como deixar de reconhecer que essa intenção ficou muito aquém do esperado. Ao não prever a obrigatoriedade de publicidade das demonstrações financeiras de grande porte, claudicou gravemente, pois acabou por criar instrumentos de tutela apenas àqueles terceiros que, detendo significativo poder e estando em posição dominante, antes já tinham como se proteger. E nem se diga que a exclusão da obrigação de publicação se deveu à magnânima intenção do legislador pátrio de poupar as sociedades de incorrer em custos elevados. É que, conquanto se reconheça serem custosas as publicações pela imprensa, sobretudo para uma sociedade anônima fechada, isso não se aplica a uma portentosa sociedade de grande porte, que seguramente teria condições de arcar com os custos. Nesta medida, tem razão Modesto Carvalhosa ao pugnar pela necessidade de publicação das demonstrações financeiras e parecer de auditores de tais sociedade. *De lege ferenda*, porém, o que se impões não é sempre e sempre obrigar à publicação das demonstrações finan-

[214] Ibidem.
[215] Ibidem, p. 144.

ceiras em jornais, e sim prever instrumentos efetivos de publicidade (que não se restringem apenas ã publicação e compreendem até mesmo medidas simples e menos custosas como o registro dos documentos no Registro Público de Empresas Mercantis), mais ou menos dilargados, conforme o porte da empresa. Espera-se que no futuro, além de corrigir o ponto, o legislador persista em trilhar a rota agora percorrida, criando regime jurídico próprio para as macroempresas, contemplando mecanismos eficazes de tutela das posições dos demais grupos de interesse do direito societário e, sempre que possível, prestigiando a unicidade da legislação, que poderia encontrar no livro "Do Direito da Empresa" (originalmente designado, de forma mais correta "Da Atividade Negocial") do Código Civil a sede própria para a consolidação e sistematização das regras locais."

Por fim, Edison Carlos Fernandes[216], embora seja defensor das publicações (como se verá no item a seguir) faz apontamento importante a respeito da relevância das publicações para a Administração Tributária, qual não foi apontado por nenhum dos autores declaradamente contrários às publicações.

De acordo com Fernandes, o Fisco é usuário privilegiado das demonstrações financeiras das empresas, cujos registros são base para a apuração de diversos tributos, motivo pelo qual não precisam esperar por publicação das sociedades de grande porte para delas terem conhecimento.

6.2. Favorável

Antes de adentrar na especifidade do artigo 3º da Lei nº 11.638/07, cumpre trazer o entendimento de Luiz Gastão Paes de Barros Leães[217] como premissa para os defensores da obrigação, pois para ele a publicidade legal é a forma concebida em lei de comunicação presuntiva de fatos, de caráter *ad incertam personam*, realizada ao público geral.

Portanto quando publicados determinados atos, os fatos decorrentes produzem efeitos em relação a todos os terceiros.

---

[216] Cf. FERNANDES. op. cit. pp. 02 e 106.
[217] LEÃES. Luiz Gastão Paes de Barros, **Pareceres**, Ed. Singular, v. I, p. 126, citado por Lazzareschi Neto. Cf. LAZZARESCHI NETO, Alfredo Sérgio. **Lei das Sociedades por Ações anotada**. São Paulo: Saraiva, 2010.

Nesta senda, Modesto Carvalhosa[218] capitaneia a defesa pela obrigação da publicidade das demonstrações financeiras para sociedades de grande porte ainda que não constituída sob a forma de sociedade por ações, não por menos, uma vez que ele atuou como consultor jurídico da ABIO durante a tramitação do Projeto de Lei 3.741/2000.

O resultado, a seu ver, teve como fim primordial oferecer ampla transparência e efetiva publicidade do estado dos negócios das grandes empresas com sede no país, tratando-se, com efeito de matéria de ordem pública e inquestionável relevância.

Para Carvalhosa, a exigência de adequação das sociedades limitadas de grande porte às normas de elaboração das suas demonstrações financeiras está rigorosamente de acordo com a lei societária vigente.

Porquanto o artigo 3º da nova lei não trouxe expresso em seu texto a obrigatoriedade da publicação das demonstrações financeiras de empresas de grande porte, em função de já haver no artigo 176 da Lei das S.A. essa determinação, o que tornaria desnecessária a sua repetição no contexto da Lei nº 11.638/2007.

Além disso, por mais paradoxal que possa parecer, para ele a lei não faz referência expressa à publicação das demonstrações justamente para não dar margem à assertiva de que as sociedades limitadas de grande porte não estariam obrigadas a publicar suas demonstrações financeiras.

Deve-se, pois, verificar as relações da norma e sua integração no sistema normativo considerado este, necessariamente como um todo coerente e conexo.

Portanto, as demonstrações financeiras das limitadas de grande porte devem obedecer ao regime jurídico estabelecido não só por força dos artigos 176 e seguintes da lei societária, mas também, por causa das outras normas que falam da publicação (artigos 177, parágrafo 2º, inciso II e artigo 289 da Lei das S.A. e artigo 7º da Lei nº 11.638/07), não podendo haver dúvidas quanto a obrigatoriedade de publicação das demonstrações financeiras.

Carvalhosa indica ainda que o controle da norma deve ser realizado pelas Juntas Comerciais, uma vez que todo ato lhe é objeto de exame

---

[218] Cf. CARVALHOSA, Modesto. **Transparência e Publicidade: As Empresas de Grande Porte à Luz da Nova Lei n. 11.638/2007**. Disponível em: < https://ww2.stj.jus.br/publicacaoinstitucional//index.php/dout20anos/article/view/3442/3566>. Acesso em: 11 de abril de 2018.

do cumprimento das formalidades legais, com efeito, cabendo zelar pela legalidade dos atos submetidos a arquivamento e providenciar o seu desarquivamento, consoante a Súmula nº 473 Supremo Tribunal Federal que diz:

> A administração pode anular seus próprios atos, quando eivados de vícios que os tornam ilegais, porque deles não se originam direitos; ou revogá-los, por motivo de conveniência ou oportunidade, respeitados os direitos adquiridos, e ressalvada, em todos os casos, a apreciação judicial.

Em arremate, o professor Modesto Carvalhosa conclui que[219]:

> De todo o exposto, a leitura sistemática, funcional e teleológica da Lei n11.638/2007, a partir de sua ementa e dos arts. 176, § 1º e 177, parágrafo 2º, inciso II, da Lei n. 6.404/1976 com as alterações trazidas pela Lei n. 11.638/2007, leva à conclusão que todas as sociedades de grande porte, independentemente de seu tipo societário, deverão elaborar e publicar as suas demonstrações financeiras na forma e para os efeitos estabelecidos na lei societária (art. 289) e arquivá-las no Registro do Comércio, conforme a lei registraria respectiva.

Por outro lado, Edison Carlos Fernandes[220], reconhece que em princípio as sociedades limitadas de grande porte não tem necessidade de serem transparentes, contudo quando elas assumem a condição de grande porte surge um usuário importantíssimo das demonstrações contábeis, quer seja, a comunidade, sobre quem a sociedade terá um grande impacto social, devendo agir com transparência e responsabilidade social perante a comunidade local.

O autor ainda amplia a discussão, afirmando que mais do que discutir quem tem direito ao acesso às informações, é importante discutir os critérios adotados pelos administradores ou controladores para a elabo-

---

[219] Ibidem.
[220] Cf. FERNANDES, Edison Carlos. **Direito e Contabilidade**. Disponível em: <https://books.google.com.br/books?id=chMmDAAAQBAJ&pg=PT36&lpg=PT36&dq=edison+carlos+fernandes+sociedade+de+grande+porte&source=bl&ots=x7rF9z0b2w&sig=gelrmqwMSvhuTkimmiI6GZtVldA&hl=pt-BR&sa=X&ved=0ahUKEwja1PG1q-PbAhXEUJAKHQ3jB5s-Q6AEIPzAE#v=onepage&q=edison%20carlos%20fernandes%20sociedade%20grande%20porte&f=false>. Acesso em 20 de junho de 2018.

ração das demonstrações financeiras a fim de identificar o teor do poder de decisão aplicado à sociedade.

Sob um enfoque mais gerencial, indo além do mundo jurídico, Adolfo Henrique Coutinho e Silva e Fernando Dal-Ri Murcia[221] afirmam que por as empresas brasileiras serem historicamente financiadas pelo setor bancário e pelos recursos dos proprietários, no Brasil não se desenvolveu a tradição de divulgação voluntária das demonstrações financeiras[222].

No entanto, de acordo com os autores, na ótica da contabilidade, a divulgação representa a última fase do ciclo contábil sendo seu objetivo principal, o fornecimento de informações úteis a seus usuários, mormente os externos às sociedades, pois permite avaliação de eventuais investimentos de modo mais preciso, além de reduzir a assimetria informacional, propiciando melhores tomadas de decisão.

No caso das sociedades de grande porte não constituídas sob a forma de limitada e não obrigadas a divulgar demonstrações financeiras, haveria uma assimetria enorme, pois muitas delas sequer publicam informações básicas, como faturamento e número de funcionários.

Portanto, na possível incapacidade do mercado de disciplinar adequadamente o processo de evidenciação corporativa, devem as sociedades limitadas de grande porte publicar suas demonstrações financeiras, por meio de imposição legal, a fim de corrigir falhas mercadológicas.

Inclusive, Antoninho Marmo Trevisan[223], na apresentação do livro "Lei 11.638: uma revolução na contabilidade das empresas" de Adriana Marques Dias e Carlos Alberto Caldarelli, explica que a obrigatoriedade de as sociedades de grande porte de capital fechado publicarem suas demonstrações financeiras facilitaria a análise de crédito e reduziria o

---

[221] Cf. SILVA, Adolfo Henrique Coutinho e; MURCIA, Fernando Dal-Ri. **Transparência das Demonstrações Financeiras das Sociedades de grande porte no Brasil: um avanço necessário**. Revista do BNDES, Rio de Janeiro, n. 45 , p. 325-375, jun. 2016. Disponível em: <https://web.bndes.gov.br/bib/jspui/handle/1408/9765>. Acesso em 30 de junho de 2017.

[222] Adolfo Henrique Coutinho e Silva e Fernando Dal-Ri Murcia também afirmam que, como regra geral, nos países que compõem o G7 apenas as empresas que negociam títulos e valores mobiliários em bolsa de valores divulguem suas demonstrações financeiras auditadas. Cf. Ibidem.

[223] Cf. DIAS. Adriana Marques e CALDARELLI, Carlos Alberto. **Lei 11.638: uma revolução na contabilidade das empresas** – São Paulo: Trevisan Editora Universitária, 2008 (p. 5).

spread bancário e os juros para o capital produtivo, além de facilitar o acompanhamento da gestão pelos *stakeholders*.

A origem do debate em torno da divulgação ou não das demonstrações financeiras das sociedades, conforme explica André Antunes Soares de Camargo[224], se relaciona com uma antiga preocupação das sociedades em preservar os seus segredos para aproveitar vantagens competitivas.

No entanto, em função, principalmente, de crises econômicas e grandes escândalos empresariais, houve uma crescente intervenção estatal em busca da proteção de algum interesse público ameaçado pela postura adotada pelas empresas, o que motivou também diversos estudos sobre auto-regulação e governança corporativa[225].

Nesse sentido, Alexandre Di Miceli[226] explica que governança corporativa é o conjunto de atividades de aculturamento e mecanismos, em que um de seus princípios globais, de acordo com a Organização para a Cooperação e Desenvolvimento Econômico (OCDE), é a transparência e a divulgação aberta das demonstrações financeiras a públicos internos e externos, sendo que do ponto de vista externo, as empresas mais transparentes asseguram plenos direitos a todos os seus acionistas de forma equitativa e aos demais *stakeholders*.

O autor ressalta ainda que, embora o movimento de governança procure fazer com que as empresas sejam transparentes e sustentáveis em relação a seus resultados financeiros e impactos não financeiros, por outro lado, pode facilitar a compreensão da estratégia da companhia pelos concorrentes o que pode afetar sua posição competitiva.

Contudo, Camargo[227] considera ser uma questão de tempo para que todas as limitadas, tenham que publicar suas demonstrações financeiras, seja por imposição da lei, seja por estratégia competitiva. Sob este segundo aspecto, além de propiciar a redução do custo de capital, a trans-

---

[224] Cf. CAMARGO, André Antunes Soares de. **A inevitável publicidade empresarial**. Disponível em: <http://www.valor.com.br/legislacao/4157378/inevitavel-publicidade-empresarial>. Acesso em 30 de novembro de 2017.

[225] Ibidem.

[226] DI MICELI, Alexandre. op. cit. p. 03-77

[227] Cf. CAMARGO, André Antunes Soares de. op. cit. Disponível em: <http://www.valor.com.br/legislacao/4157378/inevitavel-publicidade-empresarial>. Acesso em 30 de novembro de 2017.

parência seria instrumento interessante para gerar um ambiente de confiança e de sustentabilidade.

Por outro lado, o autor ressalta o respeito a constitucionalidade e a legalidade das regras, fazendo a ressalva de que a tendência é que a opção entre escolher uma sociedade anônima e uma sociedade limitada passa a não mais depender do volume de negócios almejado, mas de outros fatores próprios a estes tipos societários[228], conforme já exposto no Capítulo 1.

Por fim, em observância aos aspectos de caráter geral da Lei nº 11.638/ /2007, Alexandre Demetrius Pereira traz à baila argumento de parte da Doutrina de que quanto maior grau de exigências contábeis às sociedades de grande porte, maior será a proteção que ela terá contra o risco sistêmico envolvido em falências de grande repercussão[229].

---

[228] Ibidem.
[229] PEREIRA, Alexandre Demetrius. op. cit. p. 136.

7. Crítica ao Modelo Atual

Pelo até aqui exposto, no estado atual da legislação o direito não apresenta uma saída às sociedades limitadas de grande porte sem que elas tenham que se envolver em litígios judiciais, visto que, se considerada exclusivamente a lei, não há regra que obrigue as limitadas a publicar suas demonstrações financeiras.

No entanto, ainda que se tenha esse entendimento, o administrador e o contabilista responsável pelas demonstrações financeiras têm sido obrigados pelas Juntas Comerciais a prestar declarações falsas atestando que a sociedade não seria de grande porte, o que fugiria da definição do parágrafo único do artigo 3º da Lei nº 11.638/2007.

Isto é, cabe aos empresários sopesar: seria melhor publicar as demonstrações financeiras da sociedade considerada de grande porte, ainda que não conste a obrigação de publicar no caput do artigo 3º, ou prestar declarações falsas relativas ao parágrafo único (dizendo não ser de grande porte) com o fim de cumprir a exigência nas Juntas Comerciais?

Trata-se de uma situação maléfica para as sociedades limitadas, visto que há a imposição de uma norma não escrita na lei que se não cumprida, a sociedade pode ser forçada a cometer uma ilegalidade.

A obrigatoriedade de se realizar publicações presente no artigo 289 da Lei nº 6.404/1976 é uma norma objetiva das sociedades por ações e existe para contemplar um padrão, que é o caráter de maior dispersão, negociabilidade e, consequentemente, uma maior necessidade de ter sua saúde financeira divulgada para atrair mais investidores.

Aquele artigo traz opções para que as sociedades possam fazer suas publicações, prevendo que elas devem ser realizadas em diários oficiais dos estados ou Distrito Federal ou no Diário Oficial da União.

Não obstante esse entendimento, o cenário atual de aplicação da lei é confuso, podendo ser ilustrado pela própria tramitação do Projeto de Lei 3.741/2000.

Quando a proposição estava em discussão na CEIC, os deputados pretendiam retirar a opção do uso do Diário Oficial da União porque haviam entendido ser uma onerosidade desnecessária. Em contrapartida incluíram outro ônus para as sociedades de grande porte que foi a obrigação de publicação de suas demonstrações financeiras pela *internet*.

No caso, os parlamentares sugeriam a mitigação do uso do Diário Oficial da União, que era extensível a toda e qualquer sociedade regulada pela Lei nº 6.404/1976, mas, especificamente para as sociedades de grande porte sobreviria uma imposição, sob o argumento de modernização das publicações das demonstrações financeiras pela rede mundial de computadores. Ou seja, foi sugerida a retirada de um direito de escolha para a inclusão de mais um dever.

Deixe-se registrado que não há objeção quanto ao uso da *internet*; muito pelo contrário, acredita-se que o uso das redes é a melhor forma de substituir os jornais. Porém, o ponto aqui é a padronização dos veículos de publicação: ou se utiliza diretamente da *internet* ou dos periódicos sem nova determinação sob o pretexto de modernização.

Paralelo a isso, um dos principais argumentos dos parlamentares para a manutenção da publicação das demonstrações financeiras, era o de que a falta de transparência das sociedades de grande porte emperraria pretensas aberturas de capital e atrasaria o mercado, esquecendo-se, pois, que, para tanto, as sociedades necessariamente devem ser transformadas em sociedades por ações.

Ao argumentar dessa forma – talvez sem saber – os parlamentares alimentavam a perda de utilidade da sociedade limitada, assim como ocorreu com as comanditas, por exemplo.

Nesse sentido, eles deveriam ter sido mais cautelosos uma vez que, ao tratar de "sociedade ainda que não constituída sob a forma de sociedade por ações", como reza a lei, o grande alvo dessa definição seria o tipo de sociedade mais popular no país e o mais adequado para quem não pretende negociar títulos ou permitir a negociação de seu capital, bem como para quando o controle da sociedade está concentrado num só núcleo decisório.

Se determinada sociedade adotou a forma de limitada, significa dizer que foram cumpridos os requisitos objetivos para tornar-se aquele tipo societário e foi utilizado o ferramental que a lei oferece, o qual não pode ser maculado por uma determinação típica de outro tipo societário – a publicação – que existe em decorrência da natureza em negociar títulos mobiliários.

Ressalte-se que, não se pode confundir a aplicação das normas relativas a elaboração das demonstrações financeiras das companhias às limitadas com uma eventual determinação típica das primeiras às segundas.

O próprio Código Civil (artigo 1.189) remete à aplicação da legislação especial, qual seja a Lei nº 6.404/1976, que revogou o artigo 136 do Decreto-Lei nº 2.627/1940, tendo a prática demonstrado que a elaboração das mesmas demonstrações das companhias pelas limitadas não só era conveniente, mas essencial, dado o volume de negócios que circundam uma nos dias atuais.

O melhor exemplo para ilustrar a aplicação de norma típica de um tipo societário a outro é a própria equiparação de sociedades de grande porte às companhias, neste caso ignora-se por completo a essência das outras formas de sociedade, em especial as limitadas, porque é um modelo que não foi pensado para participar do mercado de capitais, sendo mais estático e pessoal.

Neste ponto, este etudo se filia ao entendimento de Gonçalves Neto e Paula Forgioni[230], de que no Brasil, em linha de princípio, a limitada é uma sociedade de natureza pessoal e não sociedade de capital, do contrário haveria um novo tipo societário estranho à prática diária e ao histórico brasileiro.

Aliás, é o que sugere Fábio Konder Comparato[231]. Primeiro ele sustenta que a sociedade anônima nada mais seria do que a técnica jurídica de organização da empresa (assim como a sociedade limitada). No entanto,

---

[230] FORGIONI, Paula. **A unicidade do regramento jurídico das sociedades limitadas e o art. 1.053 do Código Civil – usos e costumes e regência supletiva**. Temas de direito societário e empresarial contemporâneos. São Paulo, 2011, apud GONÇALVES NETO. Alfredo de Assis op. cit, p. 373.
[231] Cf. COMPARATO, Fábio Konder. **Aspectos jurídicos da macro-empresa**. São Paulo: Editora Revista dos Tribunais, 1970, pp. 85-91.

quando estas se tornam "macroempresas", bem dizer, sociedades de grande porte, transformam-se em gigantescos mecanismos de poder econômico despersonalizado.

Para Comparato, a identificação jurídica da macroempresa com a sociedade anônima impõe o desaparecimento desta última, uma vez que passa a ser assimilada mais às fundações, subsistentes unicamente em função do seu objeto, que no caso, seria a exploração empresarial, e não o relacionamento pessoal entre acionistas (*affectio societatis*), pois o quadro acionário da grande sociedade anônima acusa acentuada despersonalização em virtude da atuação das *holdings* e dos fundos de investimento.

Isso se explica no sentido de que nas pequenas e médias empresas é muito mais fácil de separar as atividades dos interesses de capital, o que não ocorre em macroempresas dado o seu caráter puramente institucional. Com efeito, sugere Comparato:

> "[...] só a criação de um estatuto opcional para a grande empresa privada, permitiria equacionar num quadro racional os diferentes interesses que que convergem na macroempresa: o dos empresários, o dos investidores, o dos trabalhadores e também o da coletividade em geral representada pelo Estado."

Nesse contexto, porém, França e Von Adamek[232] sustentam que o objeto social (escopo-meio), que é a atividade à qual a sociedade se dedica, diverge da finalidade (escopo-fim), que é o elemento que serve, dentre outros, para distinguir as sociedades das associações em sentido estrito: "nas sociedades, a finalidade é a partilha dos resultados da atividade social entre os seus membros (CC, art. 981), algo que jamais pode suceder na associação (CC, art. 53) (...)", não obstante a potencial "despersonalização" das macroempresas, sugerida por Comparato, quando as compara às fundações.

Tendo em conta que a finalidade se presta a diferenciar a sociedade de outros gêneros jurídicos, entende-se que a distinção também se presta às espécies, isto é, aos tipos societários.

---

[232] Cf. FRANÇA e VON ADAMEK, op. cit. pp.131-144.

CRÍTICA AO MODELO ATUAL

Nesse sentido, tem-se na finalidade um critério de escolha do veículo de constituição, principalmente no que tange às pretensões da sociedade em participar do mercado de capitais.

Ou seja, ao interesse em se financiar organicamente ou por meio de uma ampla cadeia de participação da poupança popular, que exige a aderência a um regime jurídico diferenciado e com boa parte das atenções voltadas aos potenciais investidores, que necessitam de acesso a informação para este fim.

Logo, se aquelas normas dizem respeito ao caráter objetivo e essencial das sociedades por ações, não haveria razão para estendê-las obrigatoriamente às sociedades limitadas, isto é, se a elas não são conferidos alguns direitos inerentes às sociedades por ações, tampouco devem ser conferidos deveres.

Portanto, a obrigação de publicar suas demonstrações financeiras não está de acordo com o ordenamento jurídico, de modo que a aplicação da norma do artigo 3º da Lei nº 11.638/2007 para fins de publicação das demonstrações financeiras para as sociedades limitadas é ilegal.

Entretanto, na hipótese de prevalecer o entendimento de que se deve publicar as demonstrações financeiras com base em critério patrimonial e não de participação em mercado de capitais, vale a pena trazer à colação o entendimento de Bragança Retto[233] quanto a fixação do valor máximo do capital social das limitadas.

O autor defende que por ter sido a sociedade limitada concebida para a organização de pequenas e médias empresas, devem constituir sociedade por ações os que pretendem dispor de grande capital.

Nesse sentido, Bragança Retto cita Nelson Abrão destacando que a forma adotada pela legislação da França determina a transformação da sociedade em anônima, no caso de, por dois anos consecutivos, a sociedade por quotas apresentar mais de cinquenta sócios.

Embora não seja o caso específico, seria possível fazer a analogia com o critério patrimonial da sociedade nos termos do parágrafo único do artigo 3º da Lei nº 11.638/2007, sugerindo-se nesse ponto a troca do critério do "grande capital" pela apuração do grande patrimônio societário.

Todavia essa analogia não faria sentido, já que existem outras razões para que uma sociedade que adote a forma de limitada seja de grande

---

[233] Cf. RETTO, op. cit., p. 50-51.

porte e seus sócios queiram manter o seu empreendimento sob aquele tipo societário, sem cogitar a transformação em sociedade anônima.

Por outro lado, considerando a defesa de parte da doutrina de que as limitadas podem emitir valores mobiliários e que a publicação das demonstrações financeiras por sociedades limitadas de grande porte tem por objetivo o fomento do mercado de capitais, vale destacar um argumento contrário de ordem pragmática.

De acordo com o relatório elaborado pelo Grupo de Trabalho sobre Mercado de Debêntures da Câmara dos Deputados, no Brasil, as ofertas de debêntures são mais volumosas do que as de ações, porque envolvem não só companhias abertas, mas também companhias fechadas e sociedades limitadas conforme autoriza a Instrução CVM nº 476/2009[234].

Contudo trata-se de um modelo que pressupõe que a empresa já nasça grande para poder efetivamente remunerar o capital investido por meio de debêntures.

Porque, apesar do volume e número de operações no mercado primário, não há ambiente de negociação para o detentor da debênture negociar diretamente o seu título em mercado secundário e enquanto se é pequena ou média empresa, não há como remunerar o capital para sustentar uma operação com debêntures.

O resultado disso é a emissão de debêntures com prazos cada vez menores, sendo insustentável para que pequenas ou médias empresas possam remunerar uma operação realizada com a emissão de debêntures, conforme os dados apresentados pelo Relatório[235]:

> "[...] para os títulos emitidos entre 2005 e 2017, a média de prazo para o vencimento prevista nas escrituras é de 5,93 anos. Considerando a data de resgate de títulos que já foram retirados do mercado, que pode ocorrer antes do prazo de vencimento pela implementação de condições previstas na escritura, a média cai para apenas 3 anos. O gráfico 09 demonstra a distribuição desses títulos de acordo com o prazo estabelecido na emissão e o período de tempo até o resgate efetivo."

---

[234] BRASIL. Câmara dos Deputados. **Relatório Final do Grupo de Trabalho sobre Mercado de Debêntures.** Disponível em: <http://www2.camara.leg.br/atividade-legislativa/comissoes/grupos-de-trabalho/55a-legislatura/mercado-de-debentures-no-brasil/documentos/outros-documentos/relatorio-final>. Acesso em 03 de outubro de 2018.
[235] Ibidem.

Além disso, a modalidade de investimento não é popularizada, pois quase metade dos recursos é aportado por investidores institucionais e o restante por instituições financeiras que detém relacionamento com a empresa emitente.

No caso das limitadas, caso optem por fazer oferta pública via Instrução CVM nº 476/2009, as debêntures só poderão ser oferecidas a um número limitado de investidores profissionais, conforme rege o artigo 3º:

Art. 3º Nas ofertas públicas distribuídas com esforços restritos:
I – será permitida a procura de, no máximo, 75 (setenta e cinco) investidores profissionais, conforme definido em regulamentação específica; e
II – os valores mobiliários ofertados deverão ser subscritos ou adquiridos por, no máximo, 50 (cinquenta) investidores profissionais.

Diante desse cenário, é interessante fazer um exercício de como eventualmente as publicações das demonstrações financeiras por limitadas de grande porte poderiam fazer algum sentido.

Em primeiro lugar, a sociedade limitada de grande porte deve estar interessada em ofertar valor mobiliário e em se capitalizar por meio do mercado de capitais, o que provavelmente não irá acontecer pois normalmente são empresas familiares, com raras trocas de participação, ou estrangeiras que funcionam praticamente como subsidiárias integrais no Brasil, e não precisam de recursos da poupança popular nacional.

Havendo o interesse por parte da sociedade limitada de grande porte, ela deverá identificar a forma para instrumentalizar uma eventual emissão.

Para tanto, a Instrução CVM nº 476/2009, autoriza a emissão por limitadas, desde que se cumpra o requisito de que na oferta com esforços restritos só hajam investidores profissionais e institucionais, o que por si já desqualifica a exigência de publicar as demonstrações financeiras para a sociedade em geral, já que aqueles investidores são destinatários determinados.

Ademais, em sendo investidores profissionais, eles já são extremamente bem assessorados e saberão todos os detalhes das empresas que eles querem investir, afinal isto faz parte do trabalho deles.

Logo, ainda que sobrevenha outra Instrução da CVM autorizando que a sociedade limitada de grande porte possa ofertar valores mobiliários para o público geral, foi visto no Capítulo 1 que o conceito de valor mobiliário estabelecido pelo artigo 2º da Lei nº 10.303/2001, é inerente às sociedades por ações, tipo societário apto a participação no mercado de capitais, o que impõe a abertura das contas e a divulgação das demonstrações financeiras.

Por fim, se o objetivo for fomentar os mercados de capitais, o caminho não é pela divulgação das demonstrações financeiras de sociedades de grande porte, isso não irá estimular o mercado, pois existem outros entraves que não seriam resolvidos com essa determinação, a exemplo da ausência de um mercado secundário para debêntures, como demonstrado acima.

8. A (Des)Necessidade da Auditoria Independente

Diante do que foi demonstrado nos capítulos anteriores, considerando que as sociedades limitadas de grande porte não devem ser obrigadas a publicar suas demonstrações financeiras, surge o questionamento a respeito da parte final do *caput* do artigo 3º da Lei nº 11.638/2007 que determina "a obrigatoriedade de auditoria independente por auditor registrado na Comissão de Valores Mobiliários".

A hipótese mais sugestiva é a de que a auditoria serve como complemento para as publicações, dando credibilidade às demonstrações financeiras divulgadas.

Por que as sociedades limitadas de grande porte são obrigadas a submeter suas demonstrações financeiras ao processo de auditagem se a obrigação de publicação destas é ilegal e inadequada?

Para responder a esta pergunta é preciso compreender o histórico e o conceito de auditoria independente, quais as suas funções e, por fim, como a pretensa obrigação de realizar a auditoria independente se relaciona com a de divulgar das demonstrações financeiras e com a Lei nº 11.638/2007.

8.1. Auditoria Independente: Histórico e Conceito

A auditoria independente, basicamente é uma atividade em que o profissional terá acesso a informações privilegiadas e a partir delas emitirá um juízo de valor, funcionando como verdadeiro exegeta das demonstrações financeiras, devendo pautar-se por um por sentido ético que é decisivo para a credibilidade e reputação de seu trabalho[236].

Boynton *et. al*, lembrados por Alexandre Demetrius Pereira, ao retratar a origem da auditoria, explica que "Sempre que o avanço da civilização tinha implicado que a propriedade de um homem fosse confiada, em maior ou menor extensão, a outro, a desejabilidade da necessidade de verificação da fidelidade do último tornou-se clara"[237].

A partir desse sentimento, a figura do auditor independente, na forma conhecida hoje, surge na Inglaterra em determinado momento entre os séculos XV e XVIII, como consequência da expansão marítima e da Revolução Industrial, e em seguida é transplantada para os Estados Unidos, pela aproximação cultural entre os dois países e em função do crescimento econômico e influência global adquiridos por este país nos séculos seguintes.

Inicialmente, o objetivo da atividade era atestar se o papelório contábil utilizado pelas corporações estava elaborado de maneira que pudesse garantir a arrecadação correta dos tributos.

Posteriormente, o escopo voltou-se para a avaliação das práticas contábeis e aferição das transações, sobretudo após a quebra da Bolsa de Valores de Nova York em 1929 e no período pós II Guerra Mundial, lapsos temporais em que, respectivamente, aumentaram as desconfianças com o mercado e houve um grande crescimento econômico.

Em solo brasileiro, onde se viu, a partir da década de 1960, a entrada de grandes multinacionais em razão das políticas do governo do então Presidente Juscelino Kubitschek e a realização de grandes obras e empreendimentos promovidas pelos governos militares, diversas empresas e associações internacionais de auditoria externa se instalaram no Brasil, em função da necessidade legal, principalmente nos EUA, de os investimentos no exterior serem auditados[238].

---

[236] Cf. TREVISAN AUDITORES E CONSULTORES. **Auditoria: suas áreas de atuação**. São Paulo: Atlas, 1996. p. 37.
[237] Cf. PEREIRA. op. cit. p. 7.
[238] Cf. PEREZ JUNIOR, José Hernandez; FERNANDES, Antonio Miguel; RANHA, Antonio; CARVALHO, José Carlos Oliveira de. **Auditoria das Demonstrações Contábeis**. Rio de Janeiro: Editora FGV, 2007. p. 18.

Entretanto, somente em 1976, com surgimento da Lei das S.A. e do seu artigo 177, é que a auditoria das demonstrações financeiras passou a ser obrigatória, pelos menos para as sociedades anônimas[239].

Segundo Wagner Duarte de Aquino, a inclusão de normas contábeis na Lei da S.A. foi determinante para a construção do arcabouço regulatório brasileiro, já que, para ele, as forças espontâneas do mercado e a soma dos interesses privados não eram e ainda não são suficientes para assegurar a existência de um sistema de informações eficiente.

Nesse contexto, o autor sugere que a lei societária regulou as normas contábeis no capítulo XV da Lei das S.A., contemplando as três principais áreas da contabilidade: medições ou estimativas, divulgação de informações e auditoria. Sobrevindo a discussão da obrigatoriedade, não só da publicação das demonstrações financeiras por sociedades de grande porte, mas também da realização de auditoria para as sociedades de grande porte, com a Lei nº 11.638/2007.

Esta discussão ganhou relevância no período de publicação da Lei em razão da recente crise do *subprime* ocorrida em meados de 2007 e 2008, que, de acordo com Pereira[240]:

> [...] revela a grande importância da auditoria externa de demonstrações, que tende a passar por sérias reformulações, uma vez que não foi suficientemente hábil para informar os investidores do risco de credito existente em empréstimos destinados ao financiamento da compra de imóveis, operações que resultaram em importantes emissões de títulos e contratos de securitização não consolidados nas demonstrações financeiras dos bancos.

No caso da economia brasileira que inobstante a crise dos *subprimes*, sempre viveu em altos e baixos, já era natural que os riscos do auditor fossem altos e que a elaboração e a divulgação das informações contábeis fossem alvos de agressiva regulação[241].

O objetivo da Lei nº 11.638/2007, no entanto, era que o ambiente econômico brasileiro se adequasse e acompanhasse as práticas interna-

---

[239] Ibid. p. 19.
[240] Cf. PEREIRA. op. cit. p. 8.
[241] Cf. AQUINO. Wagner Duarte de. **A regulação contábil nos 30 anos da CVM**. Revista de Direito Bancário e do Mercado de Capitais, vol. 34. Revista dos Tribunais: São Paulo, Out--Dez, 2006, pp. 257-272.

cionais. Sobre o período anterior a edição daquela lei, Wagner Duarte de Aquino traça um breve histórico a respeito da realidade brasileira:

> "A Instrução CVM 4/78 iniciou a regulação da atividade de auditoria. A estrutura da norma de regulação dos auditores teve o seu escopo ampliado por força das fraudes divulgadas nos balanços de companhias abertas brasileiras e pela compreensão de novos instrumentos no âmbito internacional, em especial, os modelos de avaliação de risco e sistemas de conformidade às normas que validam e qualificam a informação contábil. A independência e a capacidade técnica dos auditores independentes e a fiscalização sobre as atividades de auditoria foram as principais preocupações nesse período (final dos anos 90)".

Nesse contexto regulatório, importante trazer a lembrança de André Maruch[242] que explica que o Código das Melhores Práticas de Governança Corporativa (instrumento de auto-regulação), do Instituto Brasileiro de Governança Corporativa (IBGC), admite que a auditoria independente é "um agente de governança corporativa de grande importância para todas as partes interessadas" e recomenda que ela esteja presente em todas as sociedades.

Tal entendimento se deve, no que toca os assuntos de governança corporativa, à separação em que se faz entre propriedade e administração da empresa, conforme explica Alexandre Demetrius Pereira[243]:

> "A auditoria surge num momento em que se faz a separação entre dono da empresa e a figura do administrador da empresa. Quando o dono é o próprio administrador, ele sabe exatamente o que ocorre na sua empresa. Quando surge a figura do administrador profissional, o dono dessa empresa fica sem saber exatamente o que está ocorrendo. Sendo assim, surge a figura da auditoria, ou seja, auditar = fiscalizar = controlar."

---

[242] Cf. MARUCH, André. **As principais práticas de governança corporativa adotadas no mercado brasileiro em face do mercado internacional (2ª e última parte)**. Revista de Direito Bancário e do Mercado de Capitais, vol. 44. Revista dos Tribunais: São Paulo, Jan-Mar, 2014. pp. 203-2018.

[243] PEREIRA. op. cit. p. 20.

Pereira conclui ainda que[244]:

"[...] durante todo o seu tempo de evolução, os serviços de auditoria passaram por diversas transformações, dentre as quais duas podem ser citadas como as mais relevantes: (1) o aumento progressivo do volume e da velocidade dos negócios empresariais, fato que acarretou a impossibilidade da auditoria da totalidade das transações de muitas das entidades; (2) o surgimento gradual de mecanismos de controles internos e sistemas informatizados, que passaram a constituir boa parte das preocupações da atividade de auditoria".

Com base no contexto em que são realizados os serviços de auditoria, aquele autor busca o melhor conceito da atividade a partir da definição da American Accouting Association, que trata o ofício como[245]:

"Um processo sistemático de obtenção objetiva e avaliação de evidências concernentes a afirmações sobre ações econômicas e eventos, para verificar o grau de correspondência entre essas assertivas e os critérios estabelecidos, bem como nos aspectos de comunicação dos resultados aos usuários".

Pereira, no entanto, complementa a definição descrevendo que a auditoria independente não deve manter vínculo de subordinação com o ente auditado e que as assertivas e critérios econômicos a serem verificados devem ser estabelecidos normativamente por órgãos competentes, bem como o parecer deve comunicar de forma padronizada seus resultados a usuários interessados indeterminados ou de difícil determinação[246].

Para o Conselho Federal de Contabilidade (CFC), segundo Perez Junior et. al, a atividade de auditoria das demonstrações contábeis é o conjunto de procedimentos técnicos que tem por objetivo a emissão de parecer sobre a sua adequação aos princípios fundamentais de contabilidade e as Normas Brasileiras de Contabilidade e, no que for pertinente, a legislação específica[247].

---

[244] Ibidem. p. 21.
[245] Ibid. p. 11.
[246] Ibid. p. 13.
[247] PEREZ JUNIOR, José Hernandez; FERNANDES, Antonio Miguel; RANHA, Antonio; CARVALHO, José Carlos Oliveira de. op. cit. p. 20.

O texto do parecer é padronizado de acordo com a NBC-T-11 que define até mesmo a disposição dos parágrafos em que cada informação deve ser inserida, cuja ordem, mostra-se a seguir.

Primeiro, o auditor deve expor um relatório descritivo das demonstrações analisadas e qual será a metodologia utilizada para aquele processo de auditagem.

Em seguida, o auditor apresentará suas ressalvas – se houver, porque o parecer pode ser considerado limpo.

Concluindo, por fim, com sua opinião de que as demonstrações analisadas refletem a posição patrimonial e financeira da entidade ou não, podendo ainda abster-se de emitir qualquer opinião.

Assim, a auditoria independente tem como objetivos principais: (i) a aplicação dos princípios fundamentais da contabilidade e Normas Brasileiras de Contabilidade; (ii) avaliar os trabalhos documentados e objetivos dos procedimentos técnicos alcançados; e (iii) avaliar se as conclusões obtidas são adequadas para fundamentar eventual opinião emitida[248].

Importante destacar que o processo de auditoria independente se destina a usuários indeterminados, logo o processo descrito acima não é obrigatório para a realização de auditorias internas, que geralmente tem outro escopo e o relatório emitido é destinado a administração e aos sócios da sociedade.

Normalmente o foco principal das auditorias internas é a avalição das funções operacionais da sociedade, tais como a performance das atividades realizadas e análise das compras, vendas, recursos humanos e custos incorridos[249].

Contudo, o auditor independente pode utilizar o trabalho dos auditores internos, se entender apropriado, assim como testá-lo, podendo reverificar itens já examinados nos procedimentos executados pelos auditores internos[250].

Relevante também é a diferenciação entre a atividade de auditoria externa e de consultoria, a qual não tem qualquer compromisso de segurança com usuários externos, nesse ponto assemelhando-se mais a

---

[248] Ibid. p. 22.
[249] Cf. TREVISAN AUDITORES E CONSULTORES. op. cit. p. 57.
[250] Ibidem.

figura da auditoria interna, mas ainda se diferenciando desta no sentido de que os efeitos dessa são mais pontuais entre as partes contratantes, não englobando aspectos gerais de uma organização.

8.2. Utilidade da Auditoria Independente

Como visto anteriormente, a auditoria independente se desenvolveu num cenário em que o público investidor clamava por informações.

Ligada ao objetivo de maximização racional por meio da melhora da qualidade da informação para os agentes, uma das mais proeminentes funções da auditoria está ligada aos mercados de capitais e financeiro[251], tendo por objetivo reduzir a assimetria de informações entre a entidade receptora de investimento e quem aloca os recursos.

Portanto o parecer de auditoria independente atesta se as demonstrações financeiras representam adequadamente a posição patrimonial e financeira de uma sociedade em datas determinadas para garantir segurança na compra de títulos emitidos por empresas cujo tipo societário permita a captação de poupança pública, qual seja, essencialmente, a sociedade por ações.

Alexandre Demetrius Pereira[252] destaca que um dos principais elementos do parecer é a comunicação aos destinatários, devendo a auditoria sempre terminar pela comunicação das evidências aos usuários da informação contábil que usualmente são indeterminados ou de difícil determinação tais como acionistas, empregados, administradores, investidores, etc.

Nessas condições, Luiz Gastão Paes de Barros Leães[253], afirma que os auditores agem como verdadeiros agentes do interesse administrativo da sociedade, devendo conferir fidedignidade à revisão das contas sociais, não podendo se escusar da responsabilidade profissional por tal obrigação, sob o pretexto de que a veracidade das informações contidas nas demonstrações contábeis é de responsabilidade das entidades auditadas.

---

[251] PEREIRA. op. cit. p. 23.
[252] Ibidem. p. 12.
[253] LEÃES. Luiz Gastão Paes de Barros. **Da responsabilidade profissional dos auditores independentes**. Revista de Direito Bancário e do Mercado de Capitais, vol. 63. Revista dos Tribunais: São Paulo, Jan-Mar, 2014. pp. 203-218.

Leães explica ainda que existem dois interesses convergentes em uma auditoria. Primeiro, a própria sociedade auditada quer saber se o que seus prepostos fizeram constar das demonstrações está correto ou não e, tão ou mais importante que o primeiro interesse, os acionistas, investidores, credores e os reguladores têm interesse em saber se as demonstrações financeiras refletem, com fidedignidade, a real situação patrimonial da sociedade.

Parte da doutrina destaca ainda que a verdadeira responsabilidade dos auditores é transformar a informação contábil num instrumento de análise e compreensão acessível ao cidadão comum, logo, ao atender ao interesse deste, o auditor independente estaria proporcionando um valor adicionado à sua auditoria financeira.

Além disso, vários fatores podem contribuir para o aumento da expectativa social em relação à atividade de auditoria, dentre os quais a globalização da economia, o aumento das negociações em mercados de capitais e financeiros e os recentes escândalos contábeis.

Com efeito, é costumeiro confundir a auditoria com análise de prognósticos de resultados econômicos e de saúde financeira bem como que o auditor externo, seja tido como "caçador de fraudes"[254].

Embora o auditor independente deva sempre levar em consideração a possibilidade de fraude e, inclusive preparar-se para o seu eventual reconhecimento, encontrar fraudes não são seu único e principal objetivo.

O foco central da auditoria independente é o de informar aos interessados se as demonstrações contábeis, de formulação e responsabilidade originária da entidade auditada, contêm ou não distorções relevantes, em comparação com os princípios contábeis e com a legislação pertinente[255].

Até porque não é economicamente viável que, para realizar uma transação no mercado de capitais que o investidor tenha de constantemente analisar, constatar, avaliar e acompanhar o investimento realizado.

Tal medida, obviamente, imporia altos custos de transação a qualquer aporte de recursos, inviabilizando seu retorno lucrativo, já que a tarefa de busca de informações pelas partes torna as transações na economia mais custosas[256].

---

[254] PEREIRA. op. cit. p. 161.
[255] Ibidem, 162.
[256] Ibid. p. 24 e 29.

Ademais, em sociedades cujo volume de transações é muito grande, o serviço pode se tornar altamente custoso e impraticável não só para quem paga pelo serviço, mas para o próprio auditor que deverá superar um obstáculo maior do que os curtos prazos exigidos pela parte interessada na auditoria.

Isto sem mencionar os instrumentos de amostragem e os valores incertos definidos apenas por meio de estimativas que compõem as demonstrações financeiras, tais como depreciação, provisão para inadimplência e passivos contingentes[257].

Com todas as suas limitações, a auditoria independente busca minimizar as assimetrias e custos de transação, funcionando como intermediário informacional entre investidor e sociedade investida, e garantir a razoável segurança da informação contábil[258].

Logo, a utilidade da auditoria independente é servir como um instrumento de gestão de risco, certificando a qualidade das demonstrações financeiras das sociedades que buscam a captação de recursos junto aos investidores, credores, acionistas minoritários e quaisquer outras desprovidas de níveis aceitáveis de informação[259].

8.3. Obrigatoriedade de Auditoria Independente

Considerando que o maior benefício da auditoria independente, está no suprimento de uma deficiência de mercado consistente na carência de informações dos agentes econômicos, de acordo com Pereira[260], e que o principal objetivo da atividade é comunicação ao investidor, ainda assim, retoma-se o questionamento realizado no início deste capítulo.

Por que as sociedades limitadas de grande porte são obrigadas a submeter suas demonstrações financeiras ao processo de auditagem quando a obrigação de publicação destas é ilegal e inadequada?

Porque a obrigação de realizar a auditoria independente é acessória a obrigação de publicar as demonstrações financeiras. Se a norma que determina a publicação não é adequada, menos sentido fará uma norma que obriga a realização de auditoria independente, uma vez que sem a

---

[257] Ibid, p.159.
[258] Ibid. p. 27
[259] Ibidem. p. 29.
[260] Ibid. p. 22.

publicação das demonstrações financeiras o principal objetivo da atividade, que é a comunicação aos eventuais investidores, estará comprometido.

É interessante fazer o seguinte exercício: supondo que a questão da publicação das demonstrações financeiras esteja pacificada no sentido de não ser mais obrigatória, porém, sem prejuízo a obrigação de realizar a auditoria independente.

A sociedade limitada de grande porte fará a elaboração e a escrituração das demonstrações financeiras nos termos do artigo 3º da Lei nº 11.638/2007 e também será obrigada a realizar a auditoria independente por auditor registrado na CVM.

No entanto, o parecer não será divulgado, não haverá incentivo para tanto e sequer para sua elaboração. Ao tratar da importância da auditoria, Alexandre Demetrius Pereira traz a seguinte lição de Rashad e Khalik[261]:

> Na ausência de uma função independente de auditoria, os usuários individuais de demonstrações contábeis teriam muito menos probabilidade de assumir que as demonstrações contábeis publicadas são representações honestas de certos assuntos contábeis das entidades. Por quê? Porque os proprietários da empresa e os executivos não proprietários da empresa têm um incentivo econômico para maquiar suas demonstrações contábeis, isto é, fazer suas entidades parecerem mais lucrativas e financeiramente estáveis do que elas realmente são.

Ora, se naturalmente os sócios e a administração da empresa têm incentivo econômico para maquiar suas demonstrações financeiras e se a publicação das demonstrações financeiras por sociedades limitadas de grande porte é ilegal, a manutenção da obrigação de realização da auditoria independente será, desta maneira, pro forma e o incentivo que antes era de maquiar as contas, passará a ser de ocultar o parecer, o qual terá perdido sua função primordial.

Portanto se o objetivo essencial da auditoria independente é analisar o conteúdo contábil e ser fonte de informação, ela perde o sentido

---

[261] Ibid. p. 4.

de ser obrigatória, uma vez que a publicação das demonstrações financeiras, se mostra inadequada e desnecessária.

Contudo, em função das atividades desenvolvidas, das pessoas com quem se relaciona (entes públicos ou privados), a auditoria pode ser requerida, casos de participação em processos licitatórios e necessidade de obtenção de crédito.

Não são raros os casos em que uma sociedade limitada se submete à auditoria em virtude de previsão em editais de concorrência pública, nos termos da Lei de Licitações e Contratos[262] ou por ser a controladora de uma sociedade anônima cuja atividade é regulada.

Ausentes as exigências regulatórias, Pereira[263] explica que parte da doutrina entende que o conjunto de sociedades sob controle comum, na forma do parágrafo único do artigo 3º da Lei nº 11.638/2007, não é obrigado, por si, a publicar suas demonstrações financeiras na forma da Lei nº 6.404/76 e sofrer auditoria, principalmente quando tenha importância econômica diminuta em face do tamanho do ativo ou das demais sociedades, já que o trabalho só implicaria em mais burocracia e custos.

No entanto, o público, especialmente na forma expressada pelo Congresso, espera que os auditores encontrem fraudes, conforme explicam Rittenberg *et. al*, citados por Alexandre Demetrius Pereira[264].

Sobre a afirmação dos autores acima, existem dois aspectos que precisam ser observados no caso de uma eventual defesa da aplicação do artigo 3º da Lei nº 11.638/2007.

O primeiro é que, de fato, o Congresso Nacional é o povo representado no Legislativo e quem lá figura nada mais é do que representante da população perante o Poder Público.

Embora aqueles autores não estejam tratando da obrigatoriedade da publicação das demonstrações financeiras, vale destacar que, quanto a isso, na figura de seus representantes no Poder Público, o povo já vem sendo informado das demonstrações financeiras das sociedades limitadas de grande porte por meio do Sistema Público de Escrituração Digital da Receita Federal (SPED).

---

[262] PEREZ JUNIOR, José Hernandez; FERNANDES, Antonio Miguel; RANHA, Antonio; CARVALHO, José Carlos Oliveira de. op. cit. p. 31.
[263] Pereira. op. cit.
[264] Ibidem. p. 161.

O segundo aspecto é o de que, se o Poder Público já tem acesso as informações e realiza auditorias fiscais, significa dizer que possui instrumentos suficientes para realizar uma auditoria com escopo de verificar se o conteúdo apresentado nas demonstrações financeiras, reflete a realidade patrimonial de uma sociedade.

Ademais, Pereira explica que não é escopo do auditor independente assegurar a inocorrência de qualquer fraude, logo, a expectativa de que a auditoria independente seja um meio eficaz de coibir as fraudes está equivocada. Inclusive, o autor traz dados que apontam que os meios mais eficazes para descobrir fraudes têm caráter interno[265]:

> "[...] em pesquisa conduzida pela KPMG sobre fraudes contábeis, constatou-se que os meios utilizados pelas empresas para descobrir fraudes foram controles internos (32%), auditoria interna (20%), informação de funcionários e de terceiros (ambos com 12%) e investigação especial (11%). De modo geral, grande parte da detecção ocorreu internamente e tais métodos internos de detecção forma muito mais eficazes do que quaisquer outros mecanismos externos".

E assim, Pereira[266] conclui que a preocupação do auditor é que, "se eventual fraude vier a existir dentro das limitações em que se desenvolve o trabalho de auditoria, esse fenômeno não deve ter consequências relevantes para as demonstrações contábeis".

Por todos esses motivos, é que a inadequação da obrigatoriedade de se publicar demonstrações financeiras compromete a obrigação legal – expressa na lei, ressalte-se – de realizar a auditoria independente, processo que se torna obsoleto se o seu resultado não for a comunicação com o público, que deve ser feita de forma voluntária e não imposta por qualquer determinação legal.

---

[265] Ibidem. p. 167.
[266] Ibid. p. 171.

9. Conclusão

Embora a Doutrina que se posiciona contra a publicação das demonstrações financeiras por sociedades de grande porte, não constituídas sob a forma de sociedades por ações, argumente que o legislador não teve a intenção de obrigá-las a publicar, o fato é que durante toda a tramitação do Projeto de Lei nº 3.741/2000 o propósito dos parlamentares sempre foi de instituir a obrigação.

A despeito das características e natureza dos outros tipos societários, sobretudo as sociedades limitadas, o que permeou o debate em torno das publicações foi apenas o modo com o qual as publicações seriam feitas, ora pela *internet*, ora por jornais de grande circulação ou pelos diários oficiais dos estados, do Distrito Federal e da União.

Isto significa que a obrigatoriedade da realização das publicações era um fato, o que se discutia era apenas por meio de qual veículo as demonstrações financeiras seriam divulgadas, o que gerou um debate centralizado em modificações no artigo 289 da Lei nº 6.404/1976 que, por sua vez, culminou com a retirada dos parágrafos 3º e 4º, sugeridos para a composição daquele artigo durante o tramite do Projeto de Lei nº 3.741/2000.

Ocorre que a minuta do artigo 3º daquilo que veio a se tornar a Lei nº 11.638/2007 – que naquele momento já tratava das de publicações das demonstrações financeiras para sociedades de grande porte – fazia referência justamente aos parágrafos que foram retirados.

O proposto parágrafo 3º, sugerido para o artigo 289 a Lei das S.A., e o artigo 3º do anteprojeto da Lei nº 11.638/2007, em conjunto, determinariam que a publicação das demonstrações financeiras por sociedades de grande porte deveria ser feita por jornais de grande circulação, diários oficiais e também pela *internet*, com a ressalva de que nos meios físicos as demonstrações financeiras poderiam ser apresentadas de forma condensada, desde que a versão completa fosse divulgada pelo meio digital.

Superado esse debate, o artigo 289 da Lei das S.A. permaneceu com a mesma redação da época da apresentação do Projeto de Lei nº 3.741/2000 o qual dispõe que as publicações somente poderão ser feitas por jornal de grande circulação e diário oficial, sem o uso da rede mundial de computadores.

Em razão disso, os legisladores entenderam que os parágrafos que iriam compor a redação do artigo 289 haviam perdido a sua função.

Assim, a tramitação do Projeto de Lei nº 3.741/2000 prosseguiu e já na Comissão de Constituição e Justiça da Câmara dos Deputados (CCJ), o relator analisou a proposição apenas sob o aspecto econômico-financeiro em detrimento da análise de sua juridicidade, na contramão da função que é atribuída àquela comissão.

Apesar da retirada do texto implicar na falta de norma voltada à realização das publicações na Lei nº 11.638/2007, em prejuízo do próprio entendimento demonstrado pelos legisladores ao longo de toda a tramitação do Projeto de Lei nº 3.741/2000, referida norma merceia maior atenção da CCJ.

Não apenas pelo fato de que a contradição existente entre a ementa e o *caput* do artigo 3º do que veio a se tornar a Lei nº 11.638/2007 precisavam de reparação, mas porque não houve uma análise jurídica pormenorizada a respeito do desejo dos deputados em obrigar as sociedades de grande porte a publicar suas demonstrações financeiras.

Inclusive, a razão de terem havido tantas demandas no Poder Judiciário se deve em grande parte ao fato do posicionamento do legislativo à época da tramitação do Projeto de Lei nº 3.741/2000, que a todo momento se manifestou a favor das publicações e não teve seu posicionamento refletido em lei, não condizer com a literalidade do artigo 3º da Lei nº 11.638/2007.

De modo geral, isso pode ser constatado na massiva quantidade de acórdãos publicados no Estado de São Paulo, bem como nos precedentes únicos de Minas Gerais e do Rio de Janeiro que discutiam a reforma

CONCLUSÃO

de decisões proferidas em primeira instância baseadas na intenção dos parlamentares durante a tramitação do projeto.

Mas enquanto o projeto ainda estava na CCJ, além de não ter sido observado o problema na redação da Lei, o relator declarou que a matéria não colidiria com nenhuma garantia constitucional ou princípio de direito.

Esqueceu-se, pois, da análise da natureza jurídica das sociedades, cuja inobservância atingiu com mais vigor a sociedade limitada, o tipo societário mais popular e que está diretamente relacionada ao artigo 170 da Constituição Federal, onde a livre iniciativa é tida como pilar da ordem econômica e do princípio da tipicidade societária, cuja função é equilibrar os riscos dos negócios mediante o regramento das relações internas da sociedade, conforme a escolha do tipo de sociedade com características próprias.

Assim, a tramitação a "toque de caixa" do Projeto de Lei 3.741/2000, contribuiu de forma decisiva para que a Lei nº 11.638/2007 fosse publicada com falhas não só no aspecto da literalidade da lei, como também no mérito do tratamento conferido as sociedades de grande porte.

Este fato pode ser constatado, inclusive, pela própria movimentação do Projeto de Lei nº 3.741/2000 em 2007, que tramitou de forma acelerada justamente após o Poder Executivo da época anunciar que a agenda do governo contemplaria a modificação de marcos regulatórios para atrair investimentos estrangeiros – neste caso, a adaptação da Lei das S.A. aos padrões internacionais de contabilidade estabelecidos pelo IASB, o que torna possível inferir que a pressão política exercida pelo Poder Executivo contribuiu com a má condução do processo legislativo pelos parlamentares do Congresso Nacional.

Por essas razões, conclui-se que a determinação de publicação não está de acordo com o ordenamento jurídico, de modo que a aplicação da norma do artigo 3º da Lei nº 11.638/2007 para fins de publicação das demonstrações financeiras para as sociedades limitadas é inadequada e ilegal.

Nesse sentido, reitera-se o entendimento de Fábio Ulhoa Coelho[267] de que deve vigorar o que diz a lei e não o que o legislador tinha a

---

[267] ULHOA, loc. cit.

intenção de dizer, tampouco sendo cabível qualquer interpretação que busque o elastecimento de um conceito ausente da norma transformada em lei, com base nas pretensões dos parlamentares durante a tramitação de um projeto.

Ainda mais quando esta lei determina uma obrigação que não se relaciona com as sociedades limitadas em geral e muito menos com as de grande porte, já que a obrigação de publicação das demonstrações financeiras está ligada ao interesse da sociedade em participar do mercado de capitais.

Como dito ao longo deste estudo, normalmente as sociedades de grande porte, pelo critério adotado pela lei, são empresas estrangeiras ou familiares, nas quais é raro haver trocas de participação e suas formas de financiamento são feitas em caráter privado.

Além disso, não se pode falar que ao não publicar suas demonstrações financeiras as sociedades de grande porte pretendem ocultar patrimônio, uma vez que, por meio da escrituração digital, o Poder Público, que nada mais é do que a representação do povo, passa a ter acesso aquelas informações, podendo fiscalizar e realizar a auditoria que entender conveniente.

Aqueles que escolhem o tipo societário da limitada para os seus empreendimentos o fazem por razões outras que não só a ausência da obrigatoriedade de publicação suas demonstrações financeiras e os custos decorrentes desse expediente, tais como as regras de quórum, o imperativo da alteração dos contratos sociais, a distribuição desproporcional de lucros, a dissolução parcial e a não circulabilidade de parcelas do seu capital social.

Se o direito societário serve para disciplinar relacionamento entre os sócios e existe um tipo de relação entre eles no âmbito de uma sociedade anônima e outro no âmbito da sociedade limitada, significa dizer que existem direitos e deveres diferentes atribuídos aos sócios de uma e de outra.

O que é reforçado pelo princípio da tipicidade societária, visto que para constituir uma sociedade é necessário se utilizar do cardápio legal que o ordenamento oferece, com todas as características, direitos e deveres inerentes a cada tipo societário, não sendo facultada aos pretensos sócios a possibilidade de criar novo tipo societário para receber a sociedade.

CONCLUSÃO

Dessa forma, os sócios têm a opção de utilizar o instrumento societário que entenderem ser mais conveniente para os seus negócios, sendo, portanto, um direito que lhes é potestativo, não devendo estar sujeito a regras de outros tipos não escolhidos para sua atividade. Motivo pelo qual os pontos de conexão normativos que delegam características de um tipo societário a outro, como o artigo 3º da Lei nº 11.638/2007, são prejudiciais à segregação baseada no tipo de relacionamento que vai existir entre os sócios e no interesse de receber investimentos do mercado de capitais, criando um ambiente de insegurança jurídica.

E ainda que haja interesse em realizar a captação da poupança pública por meio da emissão de valores mobiliários, no cenário atual, o investidor que queira aportar recursos em uma sociedade grande porte, terá conhecimento suficiente a respeito do seu alvo. Não sem razão, a Instrução CVM nº 476/2009 determina que a oferta com esforços restritos deverá ser destinada exclusivamente a investidores profissionais.

Logo, o investidor não será um hipossuficiente e terá em mãos todo conhecimento necessário para a operação almejada, não importando o tipo societário ou se a sociedade publica suas demonstrações financeiras ou não.

Com efeito, também fica sem sentido a obrigação de sociedades limitadas de grande porte de se submeterem ao processo de auditoria independente já que ela se torna inócua se a obrigação de realizar a publicação das demonstrações financeiras é ilegal e inadequada, dado que a finalidade da realização de auditoria independente é prover informações aos potenciais investidores que no fim das contas terão capacidade suficiente para saber o que estão fazendo ao aplicarem seus recursos numa sociedade investida.

Se as sociedades anônimas são obrigadas a publicar demonstrações financeiras e realizar auditoria independente é porque, por essência, elas têm a capacidade de captar poupança pública.

O fato disso estar sendo feito com sociedades limitadas é fruto de pontos de conexão normativos, a exemplo da utilização do artigo 1.053 do Código Civil, e da edição de regulamentos administrativos que dão as limitadas a roupagem de sociedade por ações e que fomentam um ambiente que incentiva o surgimento de normas como o artigo 3º da Lei nº 11.638/2007.

Por outro lado, se a utilização de expedientes como a obrigação de publicação das demonstrações financeiras tem por fim o fomento dos mercados de capitais, argumento exaustivamente utilizado pelo Legislativo, é importante relembrar que existem outros entraves de ordem pragmática para aquele fim que não serão solucionados pela mera obrigação de publicar as demonstrações financeiras, como a ausência de um mercado secundário para debêntures conforme demonstrado no Capítulo 7.

Portanto, toda e qualquer consequência ou punição que venha a ser gerada por força de eventual obrigação de publicação das demonstrações financeiras é descabida, porque as sociedades limitadas, nas figuras de seus administradores e contadores (bem como as pessoas físicas destes), na prática, têm sido coagidas pelas Juntas Comerciais, por meio de normas administrativas, a prestar declarações falsas por obrigação inexistente em lei para poder registrar seus atos. Isto é a própria legislação incentivando a conduta antijurídica com base na interpretação de regra inexistente.

Além disso, a aplicação de sanções requer, antes de tudo, que nas demonstrações financeiras sejam encontradas irregularidades em face do porte econômico da sociedade, o que exige o confronto com a documentação das operações que originaram os lançamentos contábeis e um quase impraticável esforço de reunião dessas provas.

Feitas essas considerações, é incontestável que a Lei nº 11.638/2007, no que se refere ao conflito entre sua ementa e o artigo 3º, é problemática e carece de mudanças, inclusive para afastar a discussão sobre utilizar ou não a tramitação do Projeto nº 3.741/2000 como fonte de interpretação legal.

Uma solução seria a exclusão total do artigo 3º da Lei nº 11.638/2007, porque na prática atual as sociedades regidas pelo Código Civil já estão sujeitas à elaboração das mesmas demonstrações que as sociedades por ações de capital fechado, sobretudo por uma questão prática e de redação mais instrutiva na Lei das S.A.

A outra seria a inclusão de dispositivo com a ressalva de que as sociedades de grande porte não estariam obrigadas a publicar suas demonstrações financeira e nem obrigadas a realizar a auditoria independente, corrigindo também a ementa da lei para retirar o termo "divulgação".

Contudo, nesta segunda solução ainda haveria a obrigação das sociedades de grande porte não constituídas sob a forma de sociedades por

CONCLUSÃO

ações, de elaborar e escriturar suas demonstrações financeiras de acordo com a Lei nº 6.404/1976.

Embora as sociedades regidas pelo Código Civil tenham as regras a respeito das demonstrações financeiras já vinculadas a Lei das S.A. por razões práticas – inobstante a existência da Lei nº 11.638/2007, conforme descrito no Capítulo 2 – elas ainda assim podem seguir o Código Civil caso não tenham grande volume de transações ou se tiverem a intenção de elaborar demonstrações financeiras com menos informação.

Dessa forma, a manutenção da obrigação das sociedades não anônimas de grande porte em elaborar e escriturar suas demonstrações financeiras de acordo com a Lei das S.A. implicaria que as sociedades nesta condição teriam que prover informações mais detalhadas ao seu material contábil.

E pelo fato de as normas da Lei nº 6.404/1976 serem mais instrutivas, sua aplicação em sociedades de grande porte seria benéfica para a organização e continuidade dos negócios da empresa.

Restando claro que para o cumprimento dessa obrigação não é necessário realizar publicações em periódicos impressos ou por meio digital, já que o Poder Público tem acesso privilegiado as demonstrações financeiras por meio da escrituração digital via SPED e também porque elas funcionam como base para apuração de alguns impostos.

Interessante notar que essas sugestões privilegiam a existência de normas que vinculam a sociedade limitada às regras da sociedade anônima (também criticadas neste estudo), seja pela delegação do artigo 1.189 à Lei nº 6.404/1976, seja pela própria manutenção da vinculação das sociedades não anônimas de grande porte obedecerem ao regime de elaboração e escrituração da Lei das S.A.

Contudo, como se pode notar ao longo desta obra, o sistema jurídico já está bastante viciado no que diz respeito a normas que remetem as regras ou importam os institutos de um tipo societário ao outro.

Ocorre que para resolver o problema dos pontos de conexão normativos são necessárias reformas maiores que privilegiem ou que, no mínimo, atentem para a tipicidade societária e a segregação essencial das características de cada tipo, de modo a ajustar detalhadamente os regimes das sociedades, principalmente o das sociedades limitadas para que possam ter um regime próprio completo sem a necessidade de se vincular a outros tipos societários.

No caso, porém, o objetivo é contribuir com um problema mais urgente e que já vem, há tanto tempo, causando impactos nos negócios de várias sociedades limitadas de grande porte no Brasil, que é a ilegal e inadequada obrigação das sociedades de grande porte não constituídas sob a forma de sociedades por ações de publicar as suas demonstrações financeiras.

REFERÊNCIAS

OBRAS

ABRÃO, Nelson. **Sociedade por quotas de responsabilidade limitada**. São Paulo: Saraiva, 2000.

ALBUQUERQUE, Bruno Caraciolo Ferreira. **Dissolução parcial na S.A. é constitucional, mas precisa de critérios**. Disponível em: <https://www.conjur.com.br/2017-out-13/bruno-caraciolo-dissolucao-parcial-sa-criterios>. Acesso em 7 de dezembro de 2018.

ALMEIDA, José Gabriel Assis de. **A Lei 11.638/07 e as Sociedades Limitadas**. In: ROCHA, Sergio André (coord.). Direito Tributário, Societário e a Reforma da Lei das S/A – Vol. II. Ed. São Paulo, Quartier Latin: 2010.

AMARAL, José Romeu Garcia do. **Ensaio sobre o regime jurídico das debêntures**. Disponível em: <http://www.teses.usp.br/teses/disponiveis/2/2132/tde-21012015-093339/pt-br.php>. Acesso em 17 de dezembro de 2018.

ANTUNES, Maria Thereza Pompa; GRECCO, Marta Cristina Pelucio; FORMIGONI, Henrique; e MENDONÇA NETO, Octavio Ribeiro de. **A adoção no Brasil das normas internacionais de contabilidade IFRS: o processo e seus impactos na qualidade da informação contábil**. In: Revista de Economia e Relações Internacionais. Faculdade de Economia da Fundação Armando Alvares Penteado. Vol. 10, n. 20 (2012), p. 5-19. São Paulo: FEC-FAAP, 2007.

ASSUMPÇÃO, Marcos Puglisi de. **Gestão patrimonial – o que fazer para proteger seu patrimônio**. in PRADO, Roberta Nioac. Empresas Familiares: uma visão interdisciplinar – Capítulo 12. São Paulo: Noeses, 2015. Pp. 285-344.

AQUINO, Wagner Duarte de. **A regulação contábil nos 30 anos da CVM**. Revista de Direito Bancário e do Mercado de Capitais, vol. 34. Revista dos Tribunais: São Paulo, Out-Dez, 2006, pp. 257-272.

CAMARGO, André Antunes Soares de. **A inevitável publicidade empresarial**. Disponível em: <http://www.valor.com.br/legislacao/4157378/inevitavel-publicidade-empresarial>. Acesso em 30 de novembro de 2017.

_____, André Antunes Soares de. **A Pessoa Jurídica: Um Fenômeno Social Antigo, Recorrente, Multidisciplinar e Global** In: FRANÇA, Erasmo Valladão Azevedo e Novaes. (Org.). Direito Societário Contemporâneo I. São Paulo: Quartier Latin, 2009, pp. 281-298.

CANTARELLI, Luiz Guilherme Pessoa. **As quotas preferenciais nas sociedades limitadas – vol. 96/2018**. São Paulo: Revista dos Tribunais. Dez, 2018, pp. 139-168.

CARVALHOSA, Modesto. **Transparência e Publicidade: As Empresas de Grande Porte à Luz da Nova Lei n. 11.638/2007**. Disponível em: <https://ww2.stj.jus.br/publicacaoinstitucional//index.php/dout20anos/article/view/3442/3566>. Acesso em: 11 de abril de 2018.

_____, Modesto. **Comentários ao Código Civil**. São Paulo: Saraiva, v. 13, 2003, p. 293.

COASE, Ronald. **The Nature of the Firm**. Disponível em: <https://onlinelibrary.wiley.com/doi/pdf/10.1111/j.1468-0335.1937.tb00002.x>. Acesso em: 22 de maio de 2018.

COELHO, Fábio Ulhoa. **Curso de direito comercial, volume 2: direito de empresa**. 16. ed. São Paulo: Saraiva, 2012

_____. Fábio Ulhoa. **Regime Jurídico da Contabilidade Empresarial**. Disponível em: < https://ww2.stj.jus.br/publicacaoinstitucional/index.php/dout20anos/article/view/3441 >. Acesso em 10 de junho de 2018.

COMPARATO, Fábio Konder. **Aspectos jurídicos da macro-empresa**. São Paulo: Editora Revista dos Tribunais, 1970.

DIAS, Adriana Marques; CALDARELLI, Carlos Alberto. **Lei 11.638: Uma Revolução na Contabilidade das Empresas**. São Paulo: Trevisan, 2015

DI MICELI. Alexandre. **Governança Corporativa no Brasil e no Mundo**. São Paulo: 2015. p. 77.

EIZIRIK, Nelson. **A Lei das S/A Comentada**. Volume III – 2ª ed. São Paulo. São Paulo, Quartier Latin: 2015.

_____, Nelson. Os valores mobiliários na nova Lei das S/A. Revista de Direito Mercantil, Industrial, Econômico e Financeiro, n. 124, pp. 72-79. Out/dez 2001.

FRANÇA, Erasmo Valladão Azevedo e Novaes. **Temas de Direito Societário, Falimentar e Teoria da Empresa**. São Paulo: Malheiros, 2009.

REFERÊNCIAS

_____, Erasmo Valladão Azevedo e Novaes (coord). **Direito Societário Contemporâneo I**. São Paulo: Quartier Latin, 2009.

FRANÇA, Erasmo Valladão Azevedo e Novaes e VON ADAMEK, Marcelo Vieira. **Sociedades de Grande Porte (Lei 11.638/2007, art. 3º)** in FRANÇA, Erasmo Valladão Azevedo e Novaes (coord.). Temas de direito societário, falimentar e teoria da empresa. São Paulo: 2009, p. 119-144.

FERNANDES, Edison Carlos. **As fronteiras do direito contábil**. Disponível em: <http://www.valor.com.br/legislacao/4864542/fronteiras-do-direito-contabil>. Acesso em 10 de novembro de 2017.

_____, Edison Carlos. **Direito e Contabilidade**. Disponível em: <https://books.google.com.br/books?id=chMmDAAAQBAJ&pg=PT36&lpg=PT36&dq=edison+carlos+fernandes+sociedade+de+grande+porte&source=bl&ots=x7rF9z0b2w&sig=gelrmqwMSvhuTkimmiI6GZtVldA&hl=pt-BR&sa=X&ved=0ahUKEwja1PG1q-PbAhXEUJAKHQ3jB5s-Q6AEIPzAE#v=onepage&q=edison%20carlos%20fernandes%20sociedade%20grande%20porte&f=false>. Acesso em 20 de junho de 2018.

_____, Edison Carlos. **Impacto da Lei nº 11.638/07 sobre os tributos: e a contabilidade**. São Paulo: Atlas, 2015

_____, Edison Carlos. **O Direito nas demonstrações financeiras**. Disponível em: < https://apet.jusbrasil.com.br/noticias/2675182/o-direito-nas-demonstracoes-financeiras>. Acesso em 10 de novembro de 2017

_____, Edison Carlos. **Existe um direito contábil?** Disponível em: < http://www.valor.com.br/legislacao/3891972/existe-um-direito-contabil>. Acesso em 10 de novembro de 2017.

GONÇALVES NETO, Alfredo de Assis. **Direito de Empresa**. 6ª ed. São Paulo: Revista dos Tribunais, 2016.

HOBSBAWM, Eric J. **A era das revoluções**. 9.ed. São Paulo: Paz e Terra, 1996.

KRAAKMAN, Reinier et al. **The Anatomy of Corporate Law: A Comparative and Functional Approach**. 2ª edição. EUA: Oxford University Press, 2010.

LAMY FILHO, Alfredo; PEDREIRA, José Luiz Bulhões. **A Lei das S.A.: Pressupostos, Elaboração, Aplicação**. 3ª edição, vol. 2. Rio de Janeiro: Renovar, 1997.

_____. **Direito das Companhias**. 1ª edição, vol. 2. Rio de Janeiro: Ed. Forense, 2009.

LANA, Henrique Avelino. **Sociedades Limitadas: Uma Leitura Via Law And Economics**. Disponível em <http://www.uel.br/revistas/uel/index.php/iuris/article/viewFile/15206/14724>. Acesso em: 04 de abril de 2018.

LAZZARESCHI NETO, Alfredo Sérgio. **Lei das Sociedades por Ações anotada.** São Paulo: Saraiva, 2010.

LEÃES, Luiz Gastão Paes de Barros. **Da responsabilidade profissional dos auditores independentes**. Revista de Direito Bancário e do Mercado de Capitais, vol. 63. Revista dos Tribunais: São Paulo, Jan-Mar, 2014. pp. 203-218.

MARUCH, André. **As principais práticas de governança corporativa adotadas no mercado brasileiro em face do mercado internacional (2ª e última parte)**. Revista de Direito Bancário e do Mercado de Capitais, vol. 44. Revista dos Tribunais: São Paulo, Jan-Mar, 2014. pp. 203-2018.

MOURAD, Nabil Ahmad e PARASKEVOPOULOS, Alexandre. **IFRS: Introdução às normas internacionais de contabilidade.** São Paulo: Atlas, 2010

MOSQUERA, Roberto Quiroga. **Tributação no Mercado Financeiro e de Capitais.** São Paulo, Dialética, 1999.

MUNHOZ, Eduardo Secchi. **Empresa contemporânea e direito societário: poder de controle e grupos de sociedades**. São Paulo: Editora Juarez de Oliveira, 2002.

MÜSSNICH, Francisco Antunes Maciel e PERES, Fábio Henrique. **Breves considerações sobre Elaboração e Publicação de Demonstrações Financeiras por Sociedades de Grande Porte à luz da Lei nº 11.638/07** in ROCHA, Sergio André. Direito Tributário Societário e a Reforma da Lei das S/A – Volume I – Capítulo VI. p. 214-231. p. 122-131

PARENTONI, Leonardo Netto; MIRANDA, Jacqueline Delgado. **Cotas sem direito de voto na sociedade limitada: panorama brasileiro e norte-americano**. Revista Eletrônica do curso de Direito da Universidade Federal de Santa Maria. Disponível em: <https://periodicos.ufsm.br/revistadireito/article/view/22784/pdf>. Acesso em 10 de dezembro de 2018.

PEDREIRA, José Luiz Bulhões. **Finanças e Demonstrações Financeiras da Companhia.** Rio de Janeiro: Forense, 1989.

PEREIRA, Alexandre Demetrius. **Auditoria das demonstrações contábeis: uma abordagem jurídica e contábil**. São Paulo, Atlas 2011

PEREIRA, Luiz Fernando. **Medidas urgentes no direito societário**. São Paulo: Editora Revista dos Tribunais, 2002.

PEREIRA FILHO, Valdir Carlos; HAENSEL, Taimi. **A Instrução CVM 476 e as ofertas públicas com esforços restritos**. Revista de Direito Bancário e do Mercado de Capitais – vol. 45/2009. São Paulo: Revista dos Tribunais, Jul-Set/2009 pp. 333-343.

REFERÊNCIAS

PEREZ JUNIOR, José Hernandez; FERNANDES, Antonio Miguel; Ranha, Antonio; CARVALHO, José Carlos Oliveira de. **Auditoria das Demonstrações Contábeis**. Rio de Janeiro: Editora FGV, 2007.

PONTES, Evandro Fernandes de. **O conselho fiscal nas companhias abertas brasileiras**. Disponível em: <http://www.teses.usp.br/teses/disponiveis/2/2132/tde-18112011-163617/pt-br.php>. Acesso em 11 de dezembro de 2018.

_____, Evandro Fernandes. **Tradução de L'Instituition et le droit statutaire, de Maurice Hauriou**. In: FRANÇA, Erasmo Valladão Azevedo e Novaes; EIZIRIK, Nelson (Coord.). Revista de Direito das Sociedades e dos Valores Mobiliários. Vol. 4, p. 139-214. São Paulo: Almedina, novembro de 2016.

QUEIROZ, José Eduardo Carneiro. **Valor mobiliário, oferta pública e oferta privada: conceitos para o desenvolvimento do mercado de capitais**. In Doutrinas Essenciais de Direito Empresarial, vol. 8. São Paulo: Revista dos Tribunais, Dez – 2010. pp. 193-200.

RAMOS, Chiara. **Noções introdutórias de hermenêutica jurídica clássica**. Disponível em: <https://jus.com.br/artigos/29254/nocoes-introdutorias-de-hermeneutica-juridica-classica/3>. Publicado em junho de 2014. Acesso em: 6 de dezembro de 2017.

RETTO, Marcel Gomes Bragança. **Sociedades Limitadas**. Barueri: Manole, 2007.

RIDOLFO NETO, Arthur. **As Demonstrações Financeiras da Companhia**. In: FINKELSTEIN, Maria Eugênica Reis; Proença, José Marcelo Martins (Coord.). Direito Societário: sociedades anônimas. 3ª edição (série *GVlaw*), São Paulo: Saraiva, 2014.

ROCHA, João Luiz Coelho da. **Enfim as cotas preferenciais**. Disponível em: <https://www.migalhas.com.br/dePeso/16,MI271884,51045-Enfim+as+cotas+preferenciais>. Acesso em 12 d dezembro de 2018.

Ross. Stephen A. et. al (tradução: Leonardo Zilio, Rafaela Guimarães Barbosa). **Fundamentos de administração financeira**. 9. Ed. Porto Alegre: AMGH, 2013. p. 10.

SILVA, Adolfo Henrique Coutinho e; MURCIA, Fernando Dal-Ri. **Transparência das Demonstrações Financeiras das Sociedades de grande porte no Brasil: um avanço necessário**. Revista do BNDES, Rio de Janeiro, n. 45, p. [325]-375, jun. 2016. Disponível em: <https://web.bndes.gov.br/bib/jspui/handle/1408/9736>. Acesso em 30 de junho de 2017.

STUBER, Walter. **Oferta pública de distribuição de notas promissórias**. Revista de Direito Bancário e do Mercado de Capitais – vol. 71/2015. São Paulo: Revista dos Tribunais, Out -Dez / 2015, pp. 93-102.

Tozzini, Syllas e BERGER, Renato. **As limitadas e a Publicação de balanços**. Originalmente publicado no Jornal Valor Econômico do dia 22 de janeiro de 2008. Disponível em:<http://noticiasfiscais.com.br/2008/01/page/5/>. Acesso em 21 de junho de 2018.

VEIGA, Marcelo Godke; OIOLI, Erik, **As sociedades limitadas e o mercado de capitais**. Disponível em: <https://ssrn.com/abstract=2264420 >. Acesso em 20 de dezembro de 2018.

ZIBORDI, Christopher de Moraes Araruna. **Análise da necessidade de publicação das demonstrações financeiras das sociedades limitadas de grande porte**. Disponível em: < http://www.puc-rio.br/pibic/relatorio_resumo2009/relatorio/dir/christopher.pdf>. Acesso em 30 de junho de 2017.

REFERÊNCIAS LEGISLATIVAS E NORMATIVAS

BRASIL. **Lei nº 5.869, de 11 de janeiro de 1973.** Código de Processo Civil. Disponível em: <http://www.planalto.gov.br/ccivil_03/Leis/L5869impressao.htm>. Acesso em 20 de junho de 2018.

_____. **Lei n. 6.404, de 15 de dezembro de 1976.** Dispõe sobre as Sociedades por Ações. Disponível em:<http://www.planalto.gov.br/ccivil_03/leis/L6404consol.htm>. Acesso em: 30 de junho de 2017.

_____. **Lei nº 8.934, de 18 de novembro de 1994.**. Dispõe sobre o Registro Público de Empresas Mercantis e Atividades Afins e dá outras providências. Disponível em:< http://www.planalto.gov.br/ccivil_03/leis/L8934.htm>. Acesso em: 30 de junho de 2017.

_____. **Lei n. 10.406, de 10 de janeiro de 2002.** Institui o Código Civil. Disponível em:<http://www.planalto.gov.br/ccivil_03/leis/2002/L10406.htm>. Acesso em: 30 de junho de 2017.

_____. **Lei n. 11.638, de 28 de dezembro de 2007.** Altera e revoga dispositivos da Lei n. 6.404, de 15 de dezembro de 1976, e da Lei no 6.385, de 7 de dezembro de 1976, e estende às sociedades de grande porte disposições relativas à elaboração e divulgação de demonstrações financeiras. Disponível em:<http://www.planalto.gov.br/ccivil_03/leis/L6404consol.htm>. Acesso em: 30 de junho de 2017.

_____. **Lei n. 13.043, de 10 de janeiro de 2002.** Disponível em:< http://www.planalto.gov.br/ccivil_03/_ato2011-2014/2014/lei/L13043.htm>. Acesso em: 20 de junho de 2018.

_____. Congresso Nacional. Senado Federal. **Ato do Presidente do Senado Federal nº 13, de 2013.** Institui Comissão de Juristas responsável pela elaboração de anteprojeto do novo Código Comercial. Disponível em:

<https://www25.senado.leg.br/web/atividade/materias/-/materia/112508>. Acesso em: 15 de janeiro de 2019.

_____. Congresso Nacional. Senado Federal. **Projeto de Lei nº 487 de 22 de novembro de 2013**. Reforma o Código Comercial. Disponível em: <https://www25.senado.leg.br/web/atividade/materias/-/materia/115437>. Acesso em: 15 de janeiro de 2019.

_____. Congresso Nacional. Senado Federal. **Projeto de Lei 632 de 08 de novembro de 2015**. Altera a Lei nº 11.638, de 28 de dezembro de 2007, para prever a aplicação às sociedades de grande porte das regras de publicação dos balanços existentes na Lei das Sociedades Anônimas. Disponível em: < https://www25.senado.leg.br/web/atividade/materias/-/materia/123273>. Acesso em: 30 de outubro de 2017

_____. Congresso Nacional. Câmara dos Deputados. **Projeto de Lei 1.572 de 14 de junho de 2011**. Institui o Código Comercial. Disponível em:< http:// www.camara.gov.br/proposicoesWeb/fichadetramitacao?idProposicao=508884>. Acesso em: 15 de janeiro de 2019.

_____. Congresso Nacional. Câmara dos Deputados. **Projeto de Lei 3.741 de 08 de novembro de 2000**. Altera e revoga dispositivos da Lei nº 6.404, de 15 de dezembro de 1976, define e estende às sociedades de grande porte disposições relativas à elaboração e publicação de demonstrações contábeis e dispõe sobre os requisitos de qualificação de entidades de estudo e divulgação de princípios, normas e padrões de contabilidade e auditoria como Organizações da Sociedade Civil de Interesse Público. Disponível: <http://www.camara.gov.br/proposicoesWeb/fichadetramitacao?idProposicao=20141>. Acesso em: 30 de outubro de 2017.

_____. Congresso Nacional. Câmara dos Deputados. **Projeto de Lei 7.012 de 07 de março de 2017**. Altera a Lei nº 11.638, de 2007. Disponível em: <http://www.camara.gov.br/proposicoesWeb/fichadetramitacao?idProposicao=2124577>. Acesso em: 30 de junho de 2017.

_____. Congresso Nacional. Câmara dos Deputados. **Projeto de Lei 8.237 de 09 de agosto de 2017**. Altera a Lei nº 11.638, de 2007. Disponível em: <http://www.camara.gov.br/proposicoesWeb/fichadetramitacao?idProposicao=2147236>. Acesso em: 30 de junho de 2017.

_____. Congresso Nacional. Câmara dos Deputados. **Relatório Final do Grupo de Trabalho sobre Mercado de Debêntures**. Disponível em: <http://www2.camara.leg.br/atividade-legislativa/comissoes/grupos-de-

REFERÊNCIAS LEGISLATIVAS E NORMATIVAS

-trabalho/55a-legislatura/mercado-de-debentures-no-brasil/documentos/outros-documentos/relatorio-final>. Acesso em 03 de outubro de 2018.

_____. Ministério do Desenvolvimento, Indústria e Comércio Exterior Secretaria de Comércio e Serviços. Departamento Nacional de Registro do Comercio. **Oficio Circular nº 099/2008/SCS/DNRC/GAB.** Disponível em: <http://www.consultaesic.cgu.gov.br/busca/dados/Lists/Pedido/Attachments/473100/RESPOSTA_PEDIDO_RESP_52750_000258_2016_01%20-%2011-05-2016%20-%20SG%20-%20Ofcir%20099%202008(1).pdf>. Acesso em 28 de fevereiro de 2018.

_____. Ministério do Desenvolvimento, Indústria e Comércio Exterior Secretaria de Comércio e Serviços. Departamento Nacional de Registro do Comercio. **Oficio Circular nº 064/2010/SCS/DNRC/GAB.** Disponível em: <http://www.mdic.gov.br/images/REPOSITORIO/SEMPE/DREI/OFICIOS_CIRCULARES/2010/Of-Cir-64-2010.pdf>. Acesso em 28 de fevereiro de 2018.

_____. Ministério do Desenvolvimento, Indústria e Comércio Exterior Secretaria de Comércio e Serviços. Departamento Nacional de Registro do Comercio. **Oficio Circular nº 064/2010/SCS/DNRC/GAB.** Disponível em: <http://www.mdic.gov.br/images/REPOSITORIO/SEMPE/DREI/OFICIOS_CIRCULARES/2010/Of-Cir-64-2010.pdf>. Acesso em 28 de fevereiro de 2018.

_____. Ministério do Desenvolvimento, Indústria e Comércio Exterior Secretaria de Comércio e Serviços. Departamento Nacional de Registro do Comercio. **Instrução Normativa DREI nº 10, de 05 de dezembro de 2013.** Disponível em: <http://www.normaslegais.com.br/legislacao/in--drei-10-2013.htm>. Acesso em 28 de fevereiro de 2018.

_____. Ministério do Desenvolvimento, Indústria e Comércio Exterior Secretaria de Comércio e Serviços. Departamento Nacional de Registro do Comercio. **Instrução Normativa DREI nº 38, de 02 de março de 2017.** Disponível em: <http://www.mdic.gov.br/images/REPOSITORIO/SEMPE/DREI/INs_EM_VIGOR/IN-DREI-38-Revoga-a-IN-10-Manuais-V2.pdf>. Acesso em 08 de agosto de 2017.

_____. Junta Comercial do Estado de Minas Gerais. **Instrução de Serviço Nº IS/03/2010.** Disciplina os procedimentos a serem observados para o cumprimento da obrigatoriedade de publicação dos balanços e das demonstrações financeiras das sociedades limitadas de grande porte e dá outras providências. Disponível em: <https://www.jucemg.mg.gov.br/arquivos/is-re/instrucao_servico_03_2010.pdf>. Acesso em 30 de junho de 2017.

_____. Secretaria de Desenvolvimento Econômico, Ciência, Tecnologia e Inovação do Estado de São Paulo. Junta Comercial do Estado de São Paulo. **Deliberação JUCESP nº 02, de 25 de março de 2015.** Dispõe acerca da publicação das demonstrações financeiras de sociedades empresárias e cooperativas de grande porte no Diário Oficial do Estado e em jornal de grande circulação e do arquivamento das publicações dessas demonstrações e da ata que as aprova. Disponível em: <http://www.institucional.jucesp.sp.gov.br/downloads/Delibera%C3%A7%C3%A3o%2002-2015.pdf>. Acesso em 30 de junho de 2017.

_____. Secretaria de Desenvolvimento Econômico, Energia, Indústria e Serviços do Estado do Rio de Janeiro. Junta Comercial do Estado do Rio de Janeiro. **Deliberação JUCERJA n. 53, de 30 de novembro de 2011.** Aprova novos enunciados a serem adotados no âmbito desta JUCERJA. Disponível em: <https://www.jucerja.rj.gov.br/Legislacao/Deliberacoes?pagina=6>. Acesso em 30 de junho de 2017.

_____. Congresso Nacional. Câmara dos Deputados. **Dossiê digitalizado do Projeto de Lei 3.741 de 08 de novembro de 2000.** Disponível:< http://www.camara.gov.br/proposicoesWeb/prop_mostrarintegra?codteor=1118734&filename=Dossie+-PL+3741/2000>. Acesso em: 30 de outubro de 2017.

_____. Comissão de Valores Mobiliários (CVM). **Instrução CVM nº 457, de 13 de julho de 2007.** Dispõe sobre a elaboração e divulgação das demonstrações financeiras consolidadas, com base no padrão contábil internacional emitido pelo International Accounting Standards Board – IASB. Disponível em: < http://www.cvm.gov.br/export/sites/cvm/legislacao/instrucoes/anexos/400/inst457consolid.pdf>. Acesso em: 15 de novembro de 2017.

_____. Comissão de Valores Mobiliários (CVM). **Instrução CVM nº 469, de 02 de maio de 2008.** Dispõe sobre a aplicação da Lei nº 11.638, de 28 de dezembro de 2007. Altera as Instruções CVM nº 247, de 27 de março de 1996 e 331, de 4 de abril de 2000. Disponível em: < http://www.cvm.gov.br/export/sites/cvm/legislacao/instrucoes/anexos/400/inst457consolid.pdf>. Acesso em: 15 de novembro de 2017.

_____. Comissão de Valores Mobiliários (CVM). **Instrução CVM nº 476, de 16 de janeiro de 2009.** Dispõe sobre as ofertas públicas de valores mobiliários distribuídas com esforços restritos e a negociação desses valores mobiliários nos mercados regulamentados. Disponível em: < http://www.cvm.gov.br/export/sites/cvm/legislacao/instrucoes/anexos/400/inst476consolid.pdf>. Acesso em: 15 de dezembro de 2018.

_____. Comissão de Valores Mobiliários (CVM). **Instrução CVM nº 539, de 13 de dezembro de 2013**. Dispõe sobre o dever de verificação da adequação dos produtos, serviços e operações ao perfil do cliente. Disponível em: <http://www.cvm.gov.br/export/sites/cvm/legislacao/instrucoes/anexos/500/inst539consolid.pdf>. Acesso em: 18 de janeiro de 2019.

REFERÊNCIAS JURISPRUDENCIAIS

BRASIL. Superior Tribunal de Justiça. **Recurso Especial nº 1327357-RS.** Relator Ministro Luis Felipe Salomão, data de julgamento 20/04/2017, T4 – Quarta Turma, data de publicação DJe 23/05/2017. Disponível em: <https://ww2.stj.jus.br/processo/revista/inteiroteor/?num_registro=201201175928&dt_publicacao=23/05/2017>. Acesso em 7 de dezembro de 2018.

_____.. Superior Tribunal de Justiça. **Recurso Especial nº 1.332.766-SP.** Relator Ministro Luis Felipe Salomão, data de julgamento 01/06/2017, T4 – Quarta Turma, data de publicação DJe 01/08/2017. Disponível em: <https://ww2.stj.jus.br/processo/revista/inteiroteor/?num_registro=201201352870&dt_publicacao=01/08/2017 >. Acesso em 7 de dezembro de 2018.

_____.. Tribunal de Justiça do Estado de Minas Gerais. **Agravo de Instrumento nº 1.0000.17.009029-4/001.** Agravante: CPN Mineração LTDA, Danone LTDA. Agravado: Junta Comercial do Estado de Minas Gerais. Relator: Desembargador Luís Carlos Gambogi. Belo Horizonte, 05 de outubro de 2017. Disponível em: < http://www5.tjmg.jus.br/jurisprudencia/pesquisaNumeroCNJEspelhoAcordao.do;jsessionid=EED17A04B06B78206630A4476E326339.juri_node2?numeroRegistro=1&totalLinhas=1&linhasPorPagina=10&numeroUnico=1.0000.17.009029-4%2F001&pesquisaNumeroCNJ=Pesquisar>. Acesso em 20 de abril de 2018.

_____.. Tribunal de Justiça do Estado de São Paulo. **Agravo de Instrumento nº 2123495-28.2015.8.26.0000.** Agravante: Audi do Brasil Indústria e Comércio de Veículos Ltda. Agravado: Presidente da Junta Comercial do Estado de São Paulo. Relator: Desembargador Torres de Carvalho. São

Paulo, 27 de julho de 2015. Disponível em: <https://esaj.tjsp.jus.br/cposg/ search.do?conversationId=&paginaConsulta=1&localPesquisa.cdLocal=--1&cbPesquisa=NUMPROC&tipoNuProcesso=UNIFICADO&numeroDig itoAnoUnificado=2123495-28.2015&foroNumeroUnificado=0000&dePes quisaNuUnificado=2123495-28.2015.8.26.0000&dePesquisa=&uuidCaptc ha=&pbEnviar=Pesquisar#?cdDocumento=15>. Acesso em 30 de junho de 2017.

_____. Tribunal de Justiça do Estado de São Paulo. 10ª Vara da Fazenda Pública. **Processo Digital nº 1017725-98.2015.8.26.0053**. Mandado de Segurança Coletivo – Abuso de Poder. Requerente: Centro das Indústrias do Estado de São Paulo, Requerido: Presidente da Junta Comercial do Estado de São Paulo. Juiz Olavo Zampol Júnior. São Paulo, 15 de maio de 2015. Disponível em: <https://esaj.tjsp.jus.br/cpopg/show.do?processo. codigo=1H0007VYG0000&processo.foro=53&uuidCaptcha=sajcaptcha_2f f4bad3950a4a5fa45e078ef6252764>. Acesso em 30 de junho de 2017.

BRASIL. Tribunal Regional Federal da 2ª Região. **Agravo de Instrumento nº 0016522-90.2012.4.02.0000**. Agravante: Net Rio LTDA. Agravada: Junta Comercial do Estado do Rio de Janeiro – JUCERJA. Relator: Desembargador Federal Guilherme Calmon Nogueira da Gama. Rio de Janeiro, 27 de fevereiro de 2013. Disponível em: <http://web.trf3.jus. br/consultas/Internet/ConsultaProcessual/Processo?numeroProces so=00303059720084036100>. Acesso em 20 de abril de 2018.

_____. Tribunal Regional Federal da 3ª Região. **Apelação Cível nº 0014141-13.2015.4.03.6100/SP**. Apelante: Junta Comercial do Estado de São Paulo. Apelado: Red Bull do Brasil e outros. Relator: Desembargador Federal Hélio Nogueira. São Paulo, 24 de janeiro de 2017. Disponível em: <http://web. trf3.jus.br/acordaos/Acordao/BuscarDocumentoGedpro/5722766>. Acesso em 30 de junho de 2017.

_____... Tribunal Regional Federal da 3ª Região. 2ª Turma. **Apelação Cível de nº 0010359-95.2015.4.03.6100**. Apelante: Junta Comercial do Estado de Sao Paulo JUCESP. Apelada: Dow Agrosciences Sementes e Biotecnologia Brasil LTDA e outros. Relator: Desembargador Federal Peixoto Júnior. São Paulo, 08 de agosto de 2017. Disponível em: http://web.trf3.jus.br/ acordaos/Acordao/BuscarDocumentoGedpro/6319909>. Acesso em 31 de março de 2017.

_____... Tribunal Regional Federal da 3ª Região. 3ª Turma. **Apelação Cível nº 0023334-52.2015.4.03.6100/SP**. Apelante: Johnson Controls PS do

REFERÊNCIAS JURISPRUDENCIAIS

Brasil Ltda. Apelada: Junta Comercial do Estado de São Paulo. Relator: Desembargador Federal Antonio Cedenho. São Paulo, 01 de fevereiro de 2017. Disponível em: < http://web.trf3.jus.br/acordaos/Acordao/BuscarDocumentoGedpro/5782111>. Acesso em 31 de março de 2017.

_____.. Tribunal Regional Federal da 3ª Região. **Apelação Cível nº 0030305-97.2008.4.03.6100/SP**. Apelante: União Federal. Apelado: Associação Brasileira de Imprensas Oficiais (ABIO). Relator: Desembargador Federal Hélio Nogueira. São Paulo, 24 de janeiro de 2017. Disponível em: < http://web.trf3.jus.br/consultas/Internet/ConsultaProcessual/Processo?numeroProcesso=00303059720084036100>. Acesso em 30 de junho de 2017.

_____. Tribunal Regional Federal da 3ª Região. 1ª Turma. **Remessa Necessária em Mandado de Segurança nº 2016.61.00.028089-0/SP**. Impetrada: Junta Comercial do Estado de São Paulo. Impetrante: Foxconn Brasil Indústria e Comércio LTDA e outros. Relator: Desembargador Federal Wilson Zauhy. São Paulo, 05 de dezembro de 2017. Disponível em: < http://web.trf3.jus.br/acordaos/Acordao/BuscarDocumentoGedpro/6545055>. Acesso em 31 de março de 2017.

OBRAS COMPLEMENTARES

ANBIMA; B3. **Mercado de capitais: caminhos para o desenvolvimento, Agenda ANBIMA e B3**. Disponível em: <http://www.anbima.com.br/data/files/0A/D6/9F/C5/D9A956105B26D856A9A80AC2/Relatorio-Agenda--Mercado-de-Capitais-ANBIMA-B3-Digital.pdf>. Acesso em 22 de dezembro de 2018.

BRASIL. Banco Central do Brasil (BACEN). **Comunicado nº 14.259**. Disponível em: < https://www3.bcb.gov.br/normativo/detalharNormativo.do?method=detalharNormativo&N=106064950>. Acesso em: 15 de novembro de 2017.

_____. Comissão de Valores Mobiliarios (CVM). **Comunicado ao Mercado de 14 de janeiro de 2008**. Disponível em: < http://www.cvm.gov.br/export/sites/cvm/noticias/anexos/2008/20080114_press_1.pdf>. Acesso em: 15 de abril de 2018.

_____. Comissão de Valores Mobiliários (CVM) **Nota explicativa à Instrução CVM nº 469, de 2 de maio de 2008**. Ref. Instrução CVM nº 469, de 2 de maio de 2008, que dispõe sobre a aplicação da Lei nº 11.638, de 28 de dezembro de 2007 e altera as Instruções CVM n° 247, de 27 de março de 1996 e 331, de 4 de abril de 2000. Disponível em: <http://www.cvm.gov.br/export/sites/cvm/noticias/anexos/2008/20080114_press_1.pdf>. Acesso em: 15 de abril de 2018.

_____. Ministério da Fazenda. **Mensagem ao Congresso Nacional nº 1.657 de 07 de novembro de 2000**. Disponível em: < http://imagem.camara.gov.br/Imagem/d/pdf/DCD10NOV2000.pdf#page=42 >. Acesso em: 30 de outubro de 2017, pp. 42-52.

_____. Ministério da Fazenda. **Exposição de motivos nº 196, de 24 de junho de 1976, do Ministério da Fazenda**. Disponível em: < http://www.

cvm.gov.br/export/sites/cvm/legislacao/leis-decretos/anexos/EM196--Lei6404.pdf>. Acesso em: 05 de dezembro de 2018.

_____. Secretaria da Receita Federal do Brasil. **Sistema Público de Escrituração Digital**. Disponível em: <http://sped.rfb.gov.br/pagina/show/970>. Acesso em: 6 de dezembro de 2017.

_____. Superintendência de Seguros Privados (SUSEP). **Circular SUSEP nº 357, de 26 de dezembro de 2007**. Dispõe sobre o processo de convergência às normas internacionais de contabilidade. Disponível em: <http://www2.susep.gov.br/bibliotecaweb/docOriginal.aspx?tipo=1&codigo=23478>. Acesso em 15 de novembro de 2017.

GRUPO DE ESTUDOS SOBRE DIREITO E CONTABILIDADE (GEDEC). **Pauta: Obrigatoriedade do IFRS para Limitadas e Sociedades por Ações Fechadas – Prof. Nelson Carvalho**. São Paulo, 26 de março de 2014. Disponível em: <https://direitosp.fgv.br/sites/direitosp.fgv.br/files/arquivos/GEDEC/03.26.2014c.ata_-_obrigatoriedade_do_ifrs_para_ltda._e_sa_fechadas_-_26mar2014.pdf>. Acesso em: 22 de novembro de 2017.

SILVA, Luiz Inácio Lula da. **Discurso do Presidente da República Federativa do Brasil no Fórum Econômico Mundial**. Davos, Suíça, 26 de janeiro de 2007. Disponível em: <http://congressoemfoco.uol.com.br/noticias/leia--o-discurso-de-lula-no-forum-economico-mundial/>. Acesso em 08 de novembro de 2017.

TREVISAN AUDITORES E CONSULTORES. **Auditoria: suas áreas de atuação**. São Paulo: Atlas, 1996.

ANEXOS

ANEXO I
Sociedades Limitadas Registradas
no Período de 1 de Janeiro a 31 de Dezembro de 2017

ESTADO	TOTAL
ACRE	1.386
ALAGOAS	8.052
AMAPÁ	2.037
AMAZONAS	1.993
BAHIA	29.409
CEARÁ	31.453
DISTRITO FEDERAL	17.275
ESPÍRITO SANTO	4.032
GOIÁS	5.963
MARANHÃO	11.979
MATO GROSSO	12.575
MATO GROSSO DO SUL	6.536
MINAS GERAIS	115.442
PARÁ	13.984
PARAÍBA	4.665
PARANÁ	124.890
PERNAMBUCO	4.995
PIAUÍ	3.474
RIO DE JANEIRO	41.003
RIO GRANDE DO NORTE	2.401
RIO GRANDE DO SUL	37.332
RONDÔNIA	2.673
RORAIMA	700
SANTA CATARINA	63.333
SÃO PAULO	477.382
SERGIPE	3.161
TOCANTINS	5.779
TOTAL GERAL	1.033.904

ANEXO II
Lista dos Processos Judiciais Obtida pela Pesquisa dos Acórdãos no Banco de Dados do Tribunal Regional Federal da 3ª Região

DATA DO JULGAMENTO	RECURSO	TURMA
24/11/2015	AGRAVO DE INSTRUMENTO Nº 0019185-77.2015.4.03.0000/SP	1T
24/11/2015	APELAÇÃO REEX Nº 0009826-39.2015.4.03.6100/SP	1T
29/03/2016	APELAÇÃO REEX Nº 0011287-46.2015.4.03.6100/SP	1T
28/04/2016	AGRAVO DE INSTRUMENTO Nº 0027802-26.2015.4.03.0000/SP	1T
04/10/2016	AGRAVO DE INSTRUMENTO Nº 0009402-27.2016.4.03.0000/SP	2T
11/10/2016	AGRAVO DE INSTRUMENTO Nº 0009343-39.2016.4.03.0000/SP	1T
11/10/2016	APELAÇÃO/REMESSA NECESSÁRIA Nº 0010328-75.2015.4.03.6100/SP	1T
25/10/2016	APELAÇÃO CÍVEL Nº 0017372-48.2015.4.03.6100/SP	1T
08/11/2016	AGRAVO DE INSTRUMENTO Nº 0013364-58.2016.4.03.0000/SP	1T
22/11/2016	APELAÇÃO CÍVEL Nº 0017021-75.2015.4.03.6100/SP	1T
24/01/2017	APELAÇÃO/REMESSA NECESSÁRIA Nº 0024622-35.2015.4.03.6100/SP	1T
24/01/2017	APELAÇÃO/REMESSA NECESSÁRIA Nº 0019184-28.2015.4.03.6100/SP	1T
24/01/2017	AGRAVO DE INSTRUMENTO Nº 0018460-54.2016.4.03.0000/SP	1T
24/01/2017	APELAÇÃO CÍVEL Nº 0013623-23.2015.4.03.6100/SP	1T
24/01/2017	APELAÇÃO CÍVEL Nº 0009552-41.2016.4.03.6100/SP	2T
26/01/2017	APELAÇÃO CÍVEL Nº 0012470-52.2015.4.03.6100/SP	3T
01/02/2017	APELAÇÃO CÍVEL Nº 0023334-52.2015.4.03.6100/SP	3T
07/02/2017	APELAÇÃO/REMESSA NECESSÁRIA Nº 0010958-97.2016.4.03.6100/SP	1T
07/02/2017	APELAÇÃO/REMESSA NECESSÁRIA Nº 0012686-76.2016.4.03.6100/SP	1T
07/02/2017	APELAÇÃO CÍVEL Nº 0020870-55.2015.4.03.6100/SP	1T
21/03/2017	APELAÇÃO CÍVEL Nº 0007844-53.2016.4.03.6100/SP	1T
18/04/2017	APELAÇÃO CÍVEL Nº 0007316-19.2016.4.03.6100/SP	1T
07/06/2016	AGRAVO DE INSTRUMENTO Nº 0023283-08.2015.4.03.0000/SP	1T

ANEXOS

Data	Processo	Turma
21/06/2016	APELAÇÃO CÍVEL Nº 0010784-25.2015.4.03.6100/SP	1T
19/07/2016	APELAÇÃO CÍVEL Nº 0020971-92.2015.4.03.6100/SP	1T
19/09/2017	APELAÇÃO/REMESSA NECESSÁRIA Nº 0008231-05.2015.4.03.6100/SP	1T
16/08/2016	APELAÇÃO/REMESSA NECESSÁRIA Nº 0016012-78.2015.4.03.6100/SP	1T
16/08/2016	AGRAVO DE INSTRUMENTO Nº 0008993-51.2016.4.03.0000/SP	1T
16/08/2016	APELAÇÃO CÍVEL Nº 0010530-52.2015.4.03.6100/SP	1T
30/08/2016	AGRAVO DE INSTRUMENTO Nº 0004949-86.2016.4.03.0000/SP	1T
30/08/2016	APELAÇÃO CÍVEL Nº 0001350-75.2016.4.03.6100/SP	1T
30/08/2016	AGRAVO DE INSTRUMENTO Nº 0025026-53.2015.4.03.0000/SP	1T
27/09/2016	APELAÇÃO CÍVEL Nº 0011509-14.2015.4.03.6100/SP	1T
27/09/2016	APELAÇÃO CÍVEL Nº 0024327-95.2015.4.03.6100/SP	1T
27/09/2016	APELAÇÃO CÍVEL Nº 0016438-90.2015.4.03.6100/SP	1T
27/09/2016	AGRAVO DE INSTRUMENTO Nº 0011367-40.2016.4.03.0000/SP	1T
30/05/2017	APELAÇÃO/REMESSA NECESSÁRIA Nº 0016139-79.2016.4.03.6100/SP	1T
30/05/2017	AGRAVO DE INSTRUMENTO Nº 0000457-17.2017.4.03.0000/SP	1T
13/06/2017	APELAÇÃO CÍVEL Nº 0015178-75.2015.4.03.6100/SP	1T
13/06/2017	APELAÇÃO/REMESSA NECESSÁRIA Nº 0023494-77.2015.4.03.6100/SP	1T
20/06/2017	AGRAVO DE INSTRUMENTO Nº 0019230-47.2016.4.03.0000/SP	2T
27/06/2017	APELAÇÃO CÍVEL Nº 0004699-86.2016.4.03.6100/SP	1T
25/07/2017	REMESSA NECESSÁRIA CÍVEL Nº 0017717-77.2016.4.03.6100/SP	1T
03/08/2017	APELAÇÃO CÍVEL Nº 0019800-03.2015.4.03.6100/SP	2T
03/08/2017	APELAÇÃO CÍVEL Nº 0020172-49.2015.4.03.6100/SP	2T
08/08/2017	APELAÇÃO CÍVEL Nº 0010359-95.2015.4.03.6100/SP	2T
05/09/2017	APELAÇÃO/REMESSA NECESSÁRIA Nº 0012682-73.2015.4.03.6100/SP	1T
05/09/2017	APELAÇÃO CÍVEL Nº 0006088-09.2016.4.03.6100/SP	1T
03/10/2017	REMESSA NECESSÁRIA CÍVEL Nº 0013140-90.2015.4.03.6100/SP	1T
24/10/2017	APELAÇÃO CÍVEL Nº 0018415-20.2015.4.03.6100/SP	2T
24/10/2017	APELAÇÃO CÍVEL Nº 0008708-28.2015.4.03.6100/SP	2T

24/10/2017	APELAÇÃO/REMESSA NECESSÁRIA Nº 0012265-23.2015.4.03.6100/SP	2T
14/11/2017	APELAÇÃO CÍVEL Nº 0019824-94.2016.4.03.6100/SP	1T
28/11/2017	APELAÇÃO CÍVEL Nº 0009378-32.2016.4.03.6100/SP	1T
28/11/2017	APELAÇÃO/REMESSA NECESSÁRIA Nº 0023682-70.2015.4.03.6100/SP	1T
05/12/2017	REMESSA NECESSÁRIA CÍVEL Nº 0025089-77.2016.4.03.6100/SP	1T
23/01/2018	APELAÇÃO/REMESSA NECESSÁRIA Nº 0011729-75.2016.4.03.6100/SP	1T
01/02/2018	APELAÇÃO CÍVEL Nº 0007297-13.2016.4.03.6100/SP	2T
01/02/2018	APELAÇÃO/REMESSA NECESSÁRIA Nº 0014885-08.2015.4.03.6100/SP	2T
01/02/2018	APELAÇÃO CÍVEL Nº 0010420-19.2016.4.03.6100/SP	2T
01/02/2018	APELAÇÃO/REMESSA NECESSÁRIA Nº 0023668-86.2015.4.03.6100/SP	2T
01/02/2018	APELAÇÃO/REMESSA NECESSÁRIA Nº 0011715-91.2016.4.03.6100/SP	2T
01/02/2018	APELAÇÃO CÍVEL Nº 0000433-56.2016.4.03.6100/SP	2T
01/02/2018	APELAÇÃO CÍVEL Nº 0019606-66.2016.4.03.6100/SP	2T
20/02/2018	REMESSA NECESSÁRIA CÍVEL Nº 0014039-88.2015.4.03.6100/SP	1T
20/02/2018	APELAÇÃO/REMESSA NECESSÁRIA Nº 0015593-24.2016.4.03.6100/SP	2T
20/03/2018	APELAÇÃO/REMESSA NECESSÁRIA Nº 0015521-37.2016.4.03.6100/SP	2T

ANEXO III
Lista dos Processos Judiciais Obtida pela Pesquisa dos Acórdãos no Banco de Dados do Tribunal de Justiça do Estado de São Paulo

DATA DO JULGAMENTO	RECURSO	CÂMARA
18/04/2016	APELAÇÃO CÍVEL Nº 1049693-49.2015.8.26.0053/SP	7
14/03/2016	APELAÇÃO CÍVEL Nº 1028121-37.2015.8.26.0053/SP	10
22/02/2016	MANDADO DE SEGURANÇA Nº 1025172-40.2015.8.26.0053/SP	5
17/02/2016	APELAÇÃO CÍVEL Nº 2236464-83.2015.8.26.0000/SP	8
15/12/2015	APELAÇÃO CÍVEL Nº 1019098-67.2015.8.26.0053/SP	11
09/12/2015	AGRAVO DE INSTRUMENTO Nº 2195915-31.2015.8.26.0000/SP	8
18/11/2015	AGRAVO DE INSTRUMENTO Nº 2236464-83.2015.8.26.0000/SP	8
09/11/2015	APELAÇÃO CÍVEL Nº 1021135-67.2015.8.26.0053/SP	4
04/11/2015	AGRAVO DE INSTRUMENTO. Nº 2190240-87.2015.8.26.0000/SP	8
14/10/2015	AGRAVO DE INSTRUMENTO. Nº 2174277-39.2015.8.26.0000/SP	13
29/09/2015	AGRAVO DE INSTRUMENTO. Nº 2130378-88.2015.8.26.0000/SP	1
30/09/2015	AGRAVO DE INSTRUMENTO. Nº 2116617-87.2015.8.26.0000/SP	13
14/09/2015	AGRAVO DE INSTRUMENTO. Nº 2162061-46.2015.8.26.0000/SP	10
17/08/2015	AGRAVO DE INSTRUMENTO. Nº 2144947-94.2015.8.26.0000/SP	4
19/08/2015	AGRAVO DE INSTRUMENTO Nº 2096077-18.2015.8.26.0000/SP	13
05/08/2015	AGRAVO DE INSTRUMENTO Nº 2125141-73.2015.8.26.0000/SP	9
27/07/2015	AGRAVO DE INSTRUMENTO Nº 2123494-28.2015.8.26.0000/SP	10
13/03/2017	APELAÇÃO CÍVEL Nº 1042133-56.2015.8.26.0053/SP	2
07/12/2016	APELAÇÃO CÍVEL. Nº 1021039-52.2015.8.26.0053/SP	8
17/11/2016	APELAÇÃO CÍVEL Nº 1027760-20.2015.8.26.0053/SP	5
17/11/2016	AGRAVO DE INSTRUMENTO Nº 2222243-95.2015.8.26.0000/SP	5
13/06/2016	APELAÇÃO CÍVEL Nº 1015381-47.2015.8.26.0053/SP*	2

* Último julgado feito pelo Tribunal de Justiça do Estado de São Paulo de acordo com o recorte metodológico definido no item 4.1.3 do capítulo 4.

---

1 Art. 1.061. A designação de administradores não sócios dependerá de aprovação da unanimidade dos sócios, enquanto o capital não estiver integralizado, e de 2/3 (dois terços), no mínimo, após a integralização.

SUMÁRIO

AGRADECIMENTOS 7

PREFÁCIO 9

INTRODUÇÃO 15

1. A NATUREZA HÍBRIDA DAS SOCIEDADES LIMITADAS 19

2. O DIREITO DAS DEMONSTRAÇÕES FINANCEIRAS DAS SOCIEDADES 53

3. O PROJETO DE LEI Nº 3.741/2000 E A CONCEPÇÃO DA LEI Nº 11.638 DE 28 DE DEZEMBRO DE 2007 63

4. APLICAÇÃO DO ARTIGO 3º DA LEI Nº 11.638/2007 85

5. PROJETOS DE LEI A RESPEITO DA PUBLICAÇÃO DE DEMONSTRAÇÕES FINANCEIRAS PELAS SOCIEDADES LIMITADAS 111

6. DOUTRINA ACERCA DA PUBLICAÇÃO DAS DEMONSTRAÇÕES FINANCEIRAS 127

7. CRÍTICA AO MODELO ATUAL   139

8. A (DES)NECESSIDADE DA AUDITORIA INDEPENDENTE   147

9. CONCLUSÃO   159

REFERÊNCIAS   167

REFERÊNCIAS LEGISLATIVAS E NORMATIVAS   173

REFERÊNCIAS JURISPRUDENCIAIS   179

OBRAS COMPLEMENTARES   183

ANEXO I
Sociedades Limitadas Registradas no Período de 1 de Janeiro
a 31 de Dezembro de 2017   187

ANEXO II
Lista dos Processos Judiciais Obtida pela Pesquisa dos Acórdãos
no Banco de Dados do Tribunal Regional Federal da 3ª Região   188

ANEXO III
Lista dos Processos Judiciais Obtida pela Pesquisa dos Acórdãos
no Banco de Dados do Tribunal de Justiça do Estado de São Paulo   191